中华美好山川

雁荡山

刘乃坤 ⊙ 编著

吉林出版集团股份有限公司

前　言

智者乐水，仁者乐山，中国山水雄奇伟丽，千姿百态，独具特色，与数千年文明相融合，积淀孕育了辉煌灿烂的山水文化。山山水水引发了无数的文化现象，成为中国文化的重要组成部分，也成为全人类的重要自然文化遗产。

山水文化的形成经历了漫长的历史过程，随着时代的进步，也在不断注入新的文明。山水首先是一种审美的文化，是最具美学价值的自然景观，给人以精神的愉悦和陶冶。《庄子》中说：“天地有大美而不言，……原天地之美而达万物之理。”这正是人与自然之间的亲善而又和谐的关系的体现。人与山水之间审美关系的建立和发展，本质上是人类文明发展的表征，而我们对山水的自觉审美追求始于魏晋，当时人们崇尚自然，走向山林江湖，这种“体道”的直接结果是促进了山水文学和山水画的蓬勃发展，正如王国维所说：“古今之大文学，无不以自然胜。”

中国人崇尚自然，喜欢山水，人们以大自然的山水为对象，创造了丰富多彩的山水文化。元人汤垕有云：“山水之为物，禀造化之秀，阴阳晦冥，晴雨寒暑，朝昏昼夜，随形改步，无穷之趣。”正是对山水的无限热爱，中华民族才有了这极其可贵的文化贡献。左思说：“非必丝与竹，山水有清音。”这种对山水清音的审美感受向来不只左思有，多数人亦有。中华大地，无山不美，无水不秀，“取欢仁智乐，寄畅山水阴”，庄子云：“山林与！皋壤与！使我欣欣然而乐与！”这是中国人的山水观，更是一种山水情怀。

中国人喜爱山水，也与原始宗教文化有莫大关系。《韩诗外传》有云：“山者，万物之所瞻仰也，草木生焉，万物殖焉，飞鸟集焉，走兽休焉，吐万物而不私焉。”《抱朴子·登涉》更直接说：“山无大小，皆有神灵。山大则神大，山小则神小也。”古代“天子祭天地，祭四方，祭山川，祭五祀，岁遍；诸侯方祀，祭山川，祭五祀，岁遍；大夫祭五祀，岁遍；土祭其先”。对山川之神的祭祀膜拜，直接促使人们崇拜与敬畏山川，再加上我们是一个以农耕为主的民族，这使我们对山川更加依赖，与山川的关系更加紧密，这也成为我们文化的发端。

中国的文化特别是山水文化受道教哲学思想的影响较深。中国人制定礼仪规则，但又崇尚自然，老子的“人法地，地法天，天法道，道法自然”的哲学思想深受人们认同，山水文学和山水画最能直接体现这一哲学思想的影响之大。管子认为水是万物之本源，老子则说，上善若水，水善利万物而不争，处众人之所需，故几于道。这自然而然地注定中国山水文化发轫于斯。

佛教对山水文化的影响也不可小觑，天下名山僧占多，佛教对自然山水的开发和建设起了不可忽视的作用。众多的佛教名山荟萃了历代文物的精华，建筑、雕塑、书法、绘画等多有杰作存世。中国山水文化保留了历史的足迹，自古就有“读万卷书，行万里路”之说，把游历与读书相提并论，中国文化渊薮可见一斑。

中国天人合一的主体思想，以人为本，重视人与自然山水的和谐与协调。保护自然，与自然和谐共进是我们所追求的理想目标。人们涌向山川胜地体验自然是件好事，但不可使自然环境的承载能力超出其自身的净化能力，否则，许多名山大川的自然环境和人文环境就要遭受破坏，这些是人们所不愿看到的。为更好地弘扬祖国的山川文化，重视和保护祖国的美好山川，我们选择三山五岳、道教四大名山、佛教四大名山，以及黄河、长江两条母亲河共十八个山川文化遗存呈献给读者，以表达我们对祖国山川的无限敬爱。与此同时，我们也更祈盼它们能得到应有的关心和保护。

编者

2013年1月7日

目录

雁　荡　山

雁荡山素有“海上名山”“寰中绝胜”之誉，又名雁岩、雁山，因山水奇秀而闻名天下，史称中国“东南第一山”。雁荡山系绵延数百千米，按地理位置不同可分为北雁荡山、中雁荡山、南雁荡山、西雁荡山、东雁荡山，通常所说的雁荡山主要是指北雁荡山。北雁荡山位于浙江温州乐清市东北境内，是一座大型滨海山岳风景名胜区，背依莽莽的括苍山，面对浩瀚的乐清湾。因为主峰雁湖岗上有结满芦苇的湖荡，年年南飞的秋雁栖宿于此，因而得名“雁荡山”，简称雁山。那么，雁荡山又是什么时候得名的呢？根据文献记载，最早提到“雁荡”地名的是唐代高僧一行和尚，他在画天下山川图时提到“南戒山川尽于雁荡”。而稍后于僧一

寰中绝胜

行的怀素在《与律公书》中，也两次提到雁荡。因此，可以推断雁荡山这个名称从唐代就开始叫开了。

泽雅

泽雅位于瓯海区西部的泽雅镇境内，俗称“西雁荡山”。此地原名“寨下”，泽雅是“寨下”温州话的译音，西雁附近还有一个泽雅水库。

栖宿

寄居；止息。《列子·汤问》：“江浦之间生么虫，其名曰焦螟，群飞而集于蚊睫，弗相触也。栖宿去来，蚊弗觉也。”

南戒

南戒古指南方阻隔少数民族的山河界限。戒，界。相当于今四川、陕南、河南、湖北、湖南、江西、福建一线。

雁荡山地理

雁荡山主要位于中国浙江省乐清市境内，部分位于永嘉县及温岭市。雁荡山有其独特地质地貌，其地貌由叠嶂、方山、石门、柱峰、锐峰、岩洞、天生桥和峡谷、涧溪、瀑、潭、湖等地貌组合而成。这些地貌是怎样形成的呢？雁荡山地貌的形成主要是由一座流纹岩浆喷发形成的大型破火山。雁荡山处于古火山的频繁喷发地带，至今在雁湖冈、中折瀑一带还可以看到火山喷火口的遗迹。雁荡山山体由中生代岩浆岩构成，主要为流纹岩、凝灰岩等，局部的地方也有花岗岩露头，是古火山频繁喷发的结果。这只是雁荡山地貌形成的原因之一，另一个原因和雁荡山的气候有关。雁荡山处于海洋季风气候生态环境。岩浆在喷出、流

山谷人家

动和冷凝过程中产生溶洞、气孔、流纹等构造，垂直节理非常发达，经过漫长岁月的海陆变迁和风化作用，最终形成了今日所见的峰、嶂、洞、瀑四绝交辉之奇景。

破火山

破火山是以在顶部或中心具有规模较大的圆形或近圆形火山口为特征的火山。

岩浆

地壳深处或上地幔天然形成的高温黏稠的硅酸盐熔浆流体为岩浆，它是形成各种岩浆岩和岩浆矿床的母体。

中生代

中生代距今约2.5亿年至6500万年，是显生宙第二个代，晚于古生代，早于新生代。这一时期形成的地层称中生界。

雁荡山生态环境

雁荡山的气候条件较优越，属于典型的亚热带季风气候，冬季盛行从大陆吹来的西北风，低温少雨。夏季盛行从海洋吹来的东南风，高温多雨。春季天气多变，时常阴雨连绵。秋季大气较稳定，常见“秋高气爽”天气。全年气候总特点是：温度适中，热量丰富；雨水充沛，夏季炎热；四季分明，季风显著；气候多样。在这种气候条件下形成了雁荡山水的自然之美，但由于历史变迁等原因，尤其是人为原因，山林植被破坏十分惨重，生态环境受到严重损害。30多年来，雁荡山景区坚持不懈地把保护工作列为首要任务，把恢复自然生态、恢复山林植被放在第一位；坚持“以封为主、封造结合”，推行全面封山育林、绿化造林、停垦还林、保护植被、涵养水源工作。全景区封山育林7000多亩，占风景区内部山场面积的98%。现在，雁荡山景区生态环境、山林植被和自然生态得到了良好的恢复。

季风

由于大陆和海洋在一年之中增热和冷却程度不同，在大陆和海洋之间大范围的风向随季节有规律改变的风，称为季风。形成季风最根本的原因是地球表面性质不同，热力反映有所差异。

雁荡山地质公园

封山育林

封山育林是利用森林的更新能力，在自然条件适宜的山区，实行定期封山，禁止垦荒、放牧、砍柴等人为的破坏活动，以恢复森林植被的一种育林方式。

季节

季节指一年里按气候、农事划分的若干个时期。夏侯湛《雷赋》："伊朱明之季节兮，暑熏赫以盛兴。"

东雁荡山

东雁荡山即半屏山景区。民谣曰："半屏山，半屏山，一半在台湾，一半在大陆"，大陆半屏即为半屏山景区，也就是雁荡山中的东雁荡山。半屏山位于温州瓯江口外的洞头县。景区东部沿岸断崖峭壁，犹如刀削斧劈，山呈半片，直立千仞。连绵数千米的绝壁依次展开惟妙惟肖的迎风屏、赤象屏、孔雀屏、鼓浪屏等巨幅岩雕画屏，这是目前发现的全国最长最大的海上天然岩雕，被誉为"神州海上第一屏""海上天然岩雕长廊"。景区还建有"海上岩礁园"，听涛观礁，海上攀岩，堪称奇绝。半屏山犹如屏障横断大海，威震巨澜，怒截狂涛，气势雄伟，险峻壮观，半屏山景区的主要景点也在东南面的断崖峭壁上。"黑龙腾海"便是其奇观之一，一条长约百米的黑玄岩地质带

雁荡风光

夹在大片黄石崖中，其势左高右低，黑岩一端长出双角，形似龙头，远远望去犹如一条黑龙将要扑向大海。

屏

遮挡，遮挡物，如屏风；也指像屏风那样的遮挡物，多指山岭、岛屿等，如天然屏障。

岩雕

岩雕是一种雕刻在岩石上的图画，岩雕已经在世界许多有过古文明的地方被发现。

岩礁

岩礁即河流、湖泊、海洋中隐现于水面上下的岩石及由珊瑚虫的遗骸堆积成的岩石状物。

南雁荡山

位于平阳县西部的南雁荡山，素来被称为“浙南第一胜景”。南雁荡山距温州市区87千米，属国家级雁荡山风景名胜区南雁荡山景区。主峰明王峰，海拔1000多米。山顶有泥塘沼泽，秋分时节有大雁在此栖息，且与北雁荡山遥望相对，故名南雁荡。南雁荡的开发时间要早于北雁荡，五代时高僧愿齐率门徒三百在此开发。南雁景区群峦叠翠，怪石峥嵘，飞瀑溪潭，幽洞石堑，景色无比瑰丽，有东西洞、顺溪、畴溪、石城、东屿等景区。就自然景观而言，溪滩、幽洞、奇峰、石堑、银瀑、景岩可称为“南雁六胜”，就人文景观而言，这里的儒教、佛教、道教汇集在东西洞一个景区里，可称“三教荟萃”。因此，“三教九溪”是南雁荡山风景名胜特色的主要概括。

壁立千仞

峰

峰，山的尖顶。如：峰峦，主峰，顶峰。李白《蜀道难》诗：“连峰去天不盈尺。”引申为最高处。如：登峰造极。

溪

溪，即山间的流水，现泛指水河沟。如山溪，溪涧。《汉书·司马相如传上》：“振溪通谷，蹇产沟渎。”亦指小河沟。辛弃疾《鹧鸪天·代人赠》词“春在溪头荠菜花”。

“三教”

“三教”指的是儒、道、佛三家。三教概念的发展，可以分几个阶段，魏晋南北朝是一个阶段，唐宋是一个阶段，元明清是一个阶段。

西雁荡山

驿道古栈

素有温州“西雁荡”之美誉的泽雅省级风景名胜区，位于温州市瓯海区泽雅境内，相距市区35千米，区内景观以群瀑、碧潭、幽峡、奇岩为特色，融朴野的山村风情为一体，有金坑峡、七瀑涧、高山角、珠岩、西山、龙溪、崎云、五凤八大景区，230多处名胜景点。这里一派峡谷飞瀑风光，九龙瀑三折瀑布迮成一幅百余米高的水幕，势如九龙喷水；鳄鱼潭嵌在石壁之中，水清见底；珠岩直径为23米，人称“天下第一珠”。摇摆岩一推则动，雷响岩一动则响，漆树、桂花、枫树等七种古树七形七色同寄一树。景区内人文景观得天独厚，保持着南宋通往京城的驿道古栈、古代原始造纸作坊、三个原始古村落以及古桥梁、古庙宇等众多景观，还有仙女浴池、七姐妹树、仙女更衣洞、岩太师洞等优美的传说。

龙

龙是古代传说中一种有鳞角须爪能兴云作雨的神异动物。《易·乾》：“飞龙在天，利见大人，何谓也？”

驿道古栈

驿道古栈是中国古代陆地交通主通道，同时也是属于重要的军事设施之一，主要用于转输军用粮草物资、传递军令军情的通道。

作坊

作坊即从事手工制造加工的工场，也称“作场”“坊”“房”“作”等。古代有官府作坊及民间作坊之分。

北雁荡山

人们通常说的雁荡山一般都指北雁荡山，北雁荡山位于乐清市境内东北部，万山重叠，群峰争雄，悬嶂蔽日，飞瀑凌空，是全国十大名山之一。北雁荡山规模大、景点多、最为出名。北雁荡山景区总面积450平方千米，分灵峰、三折瀑、灵岩、大龙湫、雁湖、显胜门、仙桥、羊角洞八大景区，共计景点500多处，以峰、洞、瀑、嶂著称，有一百零二奇峰，六十六洞天、二十七飞瀑、二十三嶂峦之说。北雁荡山不仅自然景色奇秀，而且有着丰富浓厚的历史文化内涵。据历史记载，北雁荡山的开发始于南北朝，兴于唐，盛于宋。千百年来，历代许多文士名流，

别有洞天

如南宋的谢灵运，北宋的沈括，明代的徐霞客，近现代的康有为、张大千等名人，都在北雁荡山浏览和考察中留下了许多不朽的名篇佳作，景区内摩崖碑刻有300余处，大为名山生色。

洞天

洞天，道教语，指神道居住的名山圣地。洞天就是地上的仙山，它包括十大洞天、三十六小洞天，这构成道教地上仙境的主体部分，中国五岳则包括在洞天之内。

碑刻

碑刻，泛指刻石文字或图案。最早的碑刻文字，首推秦朝的“石鼓文”。多数的碑刻有毛笔写件蓝本或书丹上石。但有些摩崖石刻及石窟，往往不经书写而直接用刀在石面上雕琢。

徐霞客

徐霞客（1587—1641），名弘祖，字振之，号霞客，汉族，明南直隶江阴（今江苏江阴市）人。伟大的地理学家、旅行家和探险家。

中雁荡山

雁荡风光

中雁荡山是国家级风景名胜区雁荡山的组成部分，位于乐清市白石镇，距乐清市区9千米，距温州市区35千米。此处四面断崖绝壁，北高南低，岩纯白色，地貌奇特。分玉甑、三湖、东漈、西漈、凤凰山、杨八洞、刘公谷七大景区。步入景区，即见峰峦陡峭、洞谷深邃、峰奇石怪、溪碧泉清。自然造型奇秀，空间组合协调优美。白石湖、龙山湖、钟前湖合称“三湖”，高峡平湖，峰峦倒影，为中雁荡特殊景观。中雁荡山境内以峰雄嶂险、飞瀑流泉、洞幽寺古、湖光山色、潭碧林翠著称。历代文人雅士慕名而来，留下大量珍贵的墨迹，为山色增添光彩，南朝谢灵运诗云：“千顷带远堤，万里泻长汀”，宋朝王十朋也写道：“十里湖山翠黛横，两溪寒玉斗琮琤”。这些都是对中雁荡山的称赞。

凤凰

凤凰是中国古代传说中的百鸟之王，和龙一样为汉族的民族图腾。凤凰是雌雄统称，雄为凤，雌为凰，总称为凤凰，常用来象征祥瑞。

甑

甑是中国的蒸食用具，用来放置食物，利用鬲中的水蒸气将甑中的食物煮熟。多为圆形，有耳或无耳。

玉琮

玉琮是一种内圆外方的筒形玉器，为我国古代重要礼器之一。最早的玉琮见于安徽潜山薛家岗第三期文化，距今约5100年。

灵　　峰

灵峰为雁荡山的东大门景区，总面积约46平方千米，它以悬崖叠嶂、奇峰怪石、古怪石室、碧潭清润而著称，与灵岩、大龙湫并称为雁荡三绝。景区内层峦叠嶂，奇峰环拱，千形万状，美不胜收。灵峰夜景，移步换形，变幻多姿，妙不可言。两大奇洞——观音洞、北斗洞为游人所必至。合掌峰是雁荡山的代表景观之一。峰内的观音洞建有九叠危楼，建筑极具匠心，与天然洞穴之美融为一体，为雁荡山第一洞天。观音洞隐于合掌峰中，洞高113米，深76米，宽14米，洞中建有九层楼阁。太阳正照洞底大殿，每天才数分钟。观音洞为雁荡山第一洞天，深藏玄机，经年香烟缭绕。此外，曲折幽奇的灵峰古

灵峰

洞，深广幽邃的东石梁洞，惟妙惟肖的接客僧和碧波荡漾的石门潭等都使游客流连忘返。游灵峰一定要看夜景，这才是雁荡山的精髓所在。白天看似普普通通的山峰此时都披上神秘的盛装，惟妙惟肖，如入仙境一般。

观音

观音是中国民间流传最广泛的人物，他的形象遍布全国各地的寺庙之中，绘画、雕塑及许多工艺品中也有其形象，他集智慧、慈悲、救苦救难等良好品德于一身，到处都受到人们的爱戴和尊重。

香

香是一种木材粉末和一些添加的香料、药剂、黏合剂做成的用于燃烧的物品。香的形状有棒状、圆盘状等。香是通过燃烧来发挥作用的，称为焚香。

北斗

北斗又称“北斗七星”，指在北方天空排列成斗形（或杓形）的七颗亮星。七颗星的名称是：天枢、天璇、天玑、天权、玉衡、开阳、摇光。排列如斗杓，故称“北斗”。

灵　岩

灵峰、灵岩、大龙湫是雁荡三绝。其中灵岩景区景色为全山之冠，被誉为雁荡山之“明庭”。素有“雁荡冠天下，灵岩尤绝奇”之美誉。

灵岩寺是景区的中心，后有灿若云锦的屏霞嶂，左右天柱、展旗二崖对峙，壁立千仞。人处其中，顿觉万虑俱息。登上百岗尖，可俯瞰百座山冈于脚下，领略“山登绝顶我为峰”的高旷。灵峰使人情思飞动，灵岩则使人心境沉静。但人又怕沉静太过，于是就有“灵岩飞渡”的准杂技表演，现已成为区内重要特色之一。灵岩景区东起响岩门，西至马鞍岭，南到飞泉寺，北达百岗尖，面积9平方千米。其中有十八峰、十七岩、七石、五嶂、一尖、九洞、三谷、三门、一阙、二岭、三瀑、六泉、一水、一溪、二坑、一潭、一湖、一寺、一庵、三亭、一塔、

灵岩寺

一轩、三桥，合计景点91个。景区居雁荡山中心，峰峦雄壮浑庞，绝壁回环，古洞诡怪，鬼工雕镌，形态万变。

明庭

明庭指古代帝王祭祀神灵之地。南齐谢朓《鼓吹曲·钧天曲》：“已庆明庭乐，讵想南风弹。”北周庾信《周五声调曲·徵调》：“众仙就朝于瑶水，群帝受享于明庭。”

阙

阙又称阙门，是宫殿、祠庙和陵墓前的一种高建筑物，通常左右各一，建成高台，台上起楼观，两阙中间没有建筑物相连，之间空缺。

轩

轩指有窗槛的长廊或小室。《文选·左思〈魏都赋〉》：“周轩中天，丹墀林猋。”李善注：“轩，长廊之有窗也。”杜甫《夏夜叹》诗：“开轩纳微凉。”

显 胜 门

深山隐秀

雁荡山中有十几处被称为“门”的景点，显胜门是其中最为著名的。显胜门两崖高耸200米，而间距仅数米，这种距离的耸峙产生的效果至为强烈，令人头晕目眩，不能久待。一张还须一弛，一刚还须一柔，秀丽多姿的硐头溪和松坡溪正好充当了“弛”和“柔”的角色，恰如虞姬舞于项王之前，两相映衬，便成无限风光。在显胜门最有趣味的却要数钻“十八洞”。这些洞，有的洞中有洞，弯弯曲曲；有的洞窄陡峻，仅容一人可钻；有的洞需四肢并用，如猴一般窜上爬下；有的洞须弓腰驼背，挤身而过……其惊险、奇趣与太姥山的洞相比，有过之而无不及。另外，显胜门景区内，还有礼佛坛、仙姑洞、仙游洞、北石梁、散水瀑等景点。“门”“溪”之外，景区西面尚有一系列带“仙”字的景点，散水岩在雁山众瀑中独具风姿，南合牌楼群是雁荡少有的人文景观，这些皆可视为显胜门的“和弦”。游显胜门景区，可知造物主布局之妙。

太姥山

太姥山位于福建省东北部，相传尧时老母种兰于山中，逢道士而羽化仙去，故名“太母”，后又改称“太姥”。

牌楼

牌楼是一种有柱门形构筑物，一般较高大。旧时牌楼主要有木、石、木石、砖木、琉璃几种，多设于要道口。

和弦

和弦是乐理上的一个概念，指的是一定音程关系的一组声音。将三个和三个以上的音，按三度叠置的关系，在纵向上加以结合，就成为和弦。

雁　　湖

雁湖在雁荡山雁湖岗顶。海拔990米。从前雁湖方园可达十里，湖水常年不干涸，湖中芦荻丛蔽，秋雁南归时，多栖宿在这里，因而得名雁湖。原有北、中、东三湖，中湖较大，徐霞客称之为“鸿雁之家”。雁湖从有记载以来，已历千年，如今雁湖淤塞，只留下一口小水塘。在雁湖岗顶眺望东海，水天一色，浩渺无际，是观赏日出和云海的好地方。雁湖岗终年云雾缭绕，所产之茶，列为上品。雁湖风景区为雁荡山五大景区之一。

那高山顶上的湖，使雁荡山得到了一个别具神韵的名字，也给游人心里添了一片浩渺的碧波，由于终成涸泽，它又成为人们心中难回的一个梦。其实水还在，西大瀑依然矫健，梅雨瀑照样漾洒，西石梁洞前的芭蕉还绿。雁湖景区的锦山秀水，最宜乐山乐水者蓑衣斗笠随意徜徉。人们在这里绝不会感到自身的渺小，而是人与自然的神交契合。雁湖景区主要景点：玉兔峰、梅雨瀑、罗带瀑、含珠峰、雁湖、西大瀑、梯云谷。

鸿雁

鸿雁是雁属中体形大、个体重的鸟类，有迁徙的习性，迁飞距离也较远，喜群居，飞行时成有序的队列，有一字形、人字形等。鸿雁为一夫一妻制，雌雄共同参与雏鸟的养育。鸿雁传书也是中国传统文化的一个象征符号。

鸿雁之家

东海

东海是中国三大边缘海之一，是中国岛屿最多的海域。具体是指中国东部长江的长江口外的大片海域，南接台湾海峡，北临黄海，东临太平洋，以琉球群岛为界。

蓑衣

蓑衣是用蓑草编织成厚厚的像衣服一样能穿在身上用以遮雨的雨具。蓑衣一般制成上衣与下裙两块，穿在身上与头上的斗笠配合使用，用以遮雨。

大龙湫瀑布

有“天下第一瀑”之誉的雁荡大龙湫瀑布为浙江省雁荡山胜景。它与贵州黄果树瀑布、黄河壶口瀑布、黑龙江吊水楼瀑布并称中国四大瀑布，而大龙湫独以其落差为190余米取胜，为中国瀑布之最。大龙湫瀑布发源于百岗尖，流经龙湫背，从连云峰凌空泻下，像从银河倒泻下来，十分壮观。大龙湫的最奇绝之处，在于因季节、晴雨等变化呈现出多姿多彩的迷人景象。盛夏季节，雷雨初过，大龙湫像一条发怒的银龙，从半空中猛扑下来，声如雷鸣，震天撼地，气势雄壮。在晴朗的冬日，瀑流从半空中飞溅而下，阳光照射时，瀑布呈现出色彩绚丽的五色长虹的奇观，景色格外迷人。在阳春三月，大龙湫又是另一番景象，雨

大龙湫

水稀少，瀑布如珠帘下垂，不到几丈，就化为烟云。大龙湫瀑布真是千变万化，不可捉摸。雁荡大龙湫瀑布不是以大取胜，而是以其优美的姿态打动游人。

龙湫

龙湫为瀑布名，在浙江雁荡山。前蜀贯休《无题》诗："雁荡经行云漠漠，龙湫宴坐雨蒙蒙。"

黄果树瀑布

黄果树瀑布位于中国贵州省，因当地一种常见的植物"黄果树"而得名。黄果树瀑布形成了雄、奇、险、秀风格各异的瀑布18个。

阳春三月

阳春三月指的是阴历的三月。汉代刘安在其所著的《淮南子》称：春分后十五日，……"则清明风至"。这清明风至之时正值阳春三月，故"清明节"也有"三月节"之称。

散 水 瀑

散水瀑在浙江省温州市乐清市雁荡山风景区显胜门景区内，在雁荡山庄屋村东北，属显胜门景区。其四周群山环抱，峭壁耸天，呈圆弧状。岩谷壁立，悬瀑从六七十米高的上端飞泻而下，飘散多姿，与丹屏翠壑相辉映，色彩缤纷，分外妖娆。明人项守祖《散水岩》诗中曾有“丹崖翠壑瀑泉垂，未许龙湫独擅奇”的赞语，可见散水岩瀑布的不同一般。散水瀑以飘散多姿而闻名，它从峭壁飞湍而下，中途触石，又腾空抛落，散为水珠，化为雨雾；当阳光映射瀑面时，色彩缤纷，分外妖娆。风起时，因风作态，或徐飞林梢，或直注碧潭。在春夏交接多雨的季节，匹练横

无处不山

空，水势如银河倒垂，瀑声如雷，震撼天地。瀑布下有散水潭，潭大水深，潭水潋滟。散水岩的岩壁上有山洞，攀援至洞口，眺望瀑水，又好似一幅飘动的珠帘。山洞的东南角有“石天窗”，形似台阁。

乐清

乐清历史悠久，远在4000多年前，东瓯先民即在此繁衍生息，留下了许多石斧、石锛、石矛、石犁、石坠等石器。乐清历史上曾有过王十朋、翁卷、李孝光、赵士桢、章纶、高友玑等名人。

《东瓯诗存》

《东瓯诗存》是一部辑录温州自宋至清代乾隆年间的诗歌总集。全书共46卷，除历代方外、妇女作品编在第45卷、46卷外，其余的44卷依宋、元、明、清时代前后编排。此集存有项守祖诗。

石天窗

石天窗隔溪与石亭对望，原是峙立溪边的大悬岩，中间有一方洞通透，仿佛是架在半空的窗口。

西 大 瀑

深处有景

西大瀑在浙江省温州市乐清市雁荡山风景区雁湖景区内，位于西石梁洞右侧，又称西石梁大瀑。西大瀑在一条东西向沟谷的西侧，溪流所在的沟谷沿东西向发育，下蚀到一个流纹岩单元的上部流纹层时，形成西大瀑。它是一条隐于壁立高崖内的悬瀑，瀑高约160米，仅次于大龙湫，为雁荡山第二大瀑布。登上洞口，即“闻瀑声如雷”。瀑布贴着峭壁飞湍直泻，在半腰处触石飞溅，小珠状若万斛珠玑闪烁，水声哗哗。有时，瀑水“犹如累大石连坠潭中”，大声镗鞈。瀑布直坠的那一个圆形的深潭，叫上潭，又名大瀑潭。当瀑布直冲潭面时，除了发出震耳欲聋的大声外，还可见浪花翻滚如沸腾一般。上潭水满，流向西南面，再折回南面，流入下潭。下潭大而浅，水清见底，游鱼可数。徐霞客在游记中云："其高亚龙湫，较似壮胜，故非岩山第二流也"。

流纹岩

流纹岩是一种火成岩，是火山的酸性喷出岩石，岩石为灰色、粉红色或砖红色，有斑状结构和流纹状结构。在中国，主要分布在东南沿海一带。

万斛

万斛，极言容量之多。古代以十斗为一斛，南宋末年改为五斗为一斛。唐杜甫《夔州歌》之七："蜀麻吴盐自古通，万斛之舟行若风。"明沈采《千金记·省女》："正是胸中万斛愁难遣，付与残花逐水流。"

瀑布

瀑布在地质学上叫跌水，即河水在流经断层、凹陷等地区时垂直地跌落。在河流的时段内，瀑布是一种暂时性的特征，它最终会消失。

梅雨瀑

梅雨瀑在南雁荡山东西洞景区之南，春山下杜鹃林之西，雁荡山石柱门左侧。梅雨瀑为著名的方山三大奇观之一，水由方山顶冲沟形成，从高耸的峭斗嶂上如万斛银珠倾泻而下，落差达百米。因为瀑布三面被峭壁包围，容易聚风，狂风吹来，将梅雨瀑倒卷上扬至空中，形成先坠后升、如织如帘的梅雨升空奇景。清人梁祉游过梅雨岩后，写诗一首："岩上飞泉高百尺，岩前碎玉击寒石。青萝湿处少人来，满地莓苔鹿承迹。"前两句所写的景色依旧；后两句，随着西外谷公路的开通，游人逐渐增多而成为

流水潺潺

历史的陈迹。

梅雨瀑开发于五代，自宋以来一向为主要景点。诗人陈志岁有《梅雨瀑》诗：“谁把玉浆倾日日，当空逐落起烟霏。来时不是黄梅季，渊畔晴天雨湿衣。”写下了景点“虽晴犹‘雨’的幻奇景象”。瀑下有潭，叫梅雨潭。潭浅而广，潭中有巨石横卧。

方山三大奇观

方山三大奇观为：方山顶可观日月同辉之奇景；梅雨瀑；方山顶的小巧奇松，千年不大，万年不高。

黄梅季

黄梅季指梅雨，初夏中国江淮流域或日本一带经常出现的一段持续时间较长的阴沉多雨天气。

五代

五代十国，一般又简称五代。唐朝灭亡之后，在中原地区相继出现了后梁、后唐、后晋、后汉和后周五个朝代以及割据于西蜀、江南、岭南和河东等地的十几个政权，合称五代十国。

三 折 瀑

三折瀑景区位于“二灵”之间，是游人必经之地。景区东接灵峰，西接灵岩，区内有奇峰巨嶂、深坑险谷。飞瀑怪洞，风景如画。在雁荡山众多瀑布中，三折瀑最为奇异，四周危崖壁立，飞瀑从半圆形的大洞穴洞顶经三处悬崖倾泻而下，峭壁内凹，造成瀑布由顶端抛掷之壮势，倾泻成为上、中、下三个飞瀑，其中尤以中折瀑为极致，有人甚至称它为“雁山第一胜景”。据说包藏中折瀑的是冷却了的火山口，火与水相克又相生，造就天地间的一种奇观。瀑分三折天上来，自属高远型风景，然而就在近旁。一条叫做初月谷的狭谷却显示了雁荡山幽深的一面，此谷把气象万千的雁荡山“第一名嶂”铁城嶂抱在怀里，藏藏抱抱反而把境界扩大

初月谷

了。“藏”是雁荡山的一种绝技。沿潭有环形石路，游人可绕到瀑布后面观瀑，透过珠帘水，远山隐约可见；仰视洞顶，碧天白云，岩端玑珠纷落，当空回旋，日光折射，色彩缤纷，景色十分绚丽。

火山

地壳之下100～150千米处，有一个“液态区”，区内存在着高温、高压下含气体挥发成分的熔融状硅酸盐物质，即岩浆。它一旦从地壳薄弱的地段冲出地表，就形成了火山。火山爆发能喷出多种物质。

奇观

奇观指雄伟美丽而又罕见的景象或出奇少见的事情。汉王充《论衡·别通》：“人之游也，必欲入都，都多奇观也。”宋秦观《显之禅老许以草庵见处》诗：“橡叶风头释马衔，区中奇观得穷探。”

气象

气象用通俗的话来说，是指发生在天空中的风、云、雨、雪、霜、露、虹、晕、闪电、打雷等一切大气的物理现象。

石门瀑

中雁荡瀑布群，主要有龙潭瀑、水帘瀑、石门瀑、梅雨瀑、浣纱瀑、马尾瀑、钟潭瀑、连珠瀑、双龙瀑等数十处，石门瀑位于西漈峡谷之中，经中雁幽径隧道，乘渡船过龙山湖，可到达石门瀑下。石门瀑共分为八折从峡谷中倾泻而下，故又名龙游八折瀑。瀑布上下八折或悬空喷射，或贴壁下注，终年奔泻不息，随着季节、晴雨、风力的变化，形态各异。有的如匹练横空，银河倒挂；有的似珠帘成串，烟雨霏霏；有的凌空飘洒，因风作态，每当大雨刚过，“怒涛倾注，变幻极势，轰雷喷雪。”雨水少

软道通幽

时，瀑布从半空中飘忽而下，不到几丈，犹如烟雾。微风吹来，随风飘转，落入潭中，忽成圆圈，忽成曲线，其状恰似游龙戏水。八折瀑布各显其态，各有其名，其中以龙须瀑和葫芦瀑最具风韵。瀑下均有潭。综观全瀑，宛似游龙，前人有诗描绘八折瀑云“千回未减奔雷气，八折长悬迸玉声”。

浣纱

浣，洗涤。纱，一种布料，也代指衣服。浣纱就是洗衣服。浣纱也代指西施。《全唐诗》：“岭上千峰秀，江边细草春。今逢浣纱石，不见浣纱人。”浣溪沙因西施浣纱于若耶溪得名，后用作词牌名。

雾

在水气充足、微风及大气层稳定的情况下，如果接近地面的空气冷却至某程度时，空气中的水汽便会凝结成细微的水滴悬浮于空中，使地面水平的能见度下降，这种天气现象称为雾。

银河

银河在中国古代又称天河、银汉、星河、星汉、云汉，是横跨星空的一条乳白色亮带，由一千亿颗以上的恒星组成。

万 象 嶂

奇峰险嶂

万象嶂又名金屏嶂，位于浙江省温州市乐清市雁荡山风景区内。万象嶂是北雁荡山羊角洞风景区众多峰、嶂、瀑、溪景观中的一个，万象嶂横亘数里，极其雄伟，但又不失其奇巧。进入羊角洞景区便会见到迎面有一嶂朝向南方，壁立千仞，南北横亘300余米，气象阔大森严，这就是万象嶂。仔细看上去嶂间确有几头大象模样的岩面，但这并不是万象嶂得名的由来。“万象”者，乃“万象更新”“包罗万象”的“万象”是也。此嶂万象森罗，有石烛、纱帽、母鸡、雏鸡、仙人犁、相思女、楼阁殿宇、游客进香、烟云缭绕等众多的景观现象，故称为“万象嶂”。观赏此嶂，切莫“走马观花”，一掠而过，宜选择适当的角度、合适的位置，发挥想象力，细细仰望凝思，才能有无穷之趣和会心之得。

仙人

仙人是中国本土的信仰，也就是神仙，仙人在中国传说中有近两万年的历史，甚至更久远。仙人信仰在中国早在道教产生之前就有了，后来被道教吸收，又被道教划分出了神仙、金仙、天仙、地仙、人仙等几个等级。

嶂

高险的山；如屏障的山峰。如：层峦叠嶂。吴均《与施从事书》：“绝壁干天，孤峰入汉，绿嶂百重，青川万转。”范仲淹《渔家傲》词：“千嶂里，长烟落日孤城闭。”

走马观花

走马观花，出自唐孟郊《登科后》诗：“春风得意马蹄疾，一日看尽长安花。”走马，骑着马跑。走，骑。骑在奔跑的马上看花。原形容事情如意，心境愉快。后多指大略地观察一下。

紫 庭 嶂

紫庭嶂俗名羊角嶂，它位于蛤蟆坑左侧的羊角洞后壁，属于北雁荡山羊角洞风景区。紫庭嶂一名来源于羊角洞的紫庭楼，相传汉朝汝阳（古县名，秦置，治所在今安徽阜阳）紫阳真人周义山曾经在羊角洞修道，从那时开始直到后来，羊角洞都是道家的十方丛林，而道家崇尚“紫”字，凡与仙道有关事物，常带一个“紫”字。清朝同治年间，羊角洞建有一楼，取名紫庭楼。紫庭，即紫宫，原指帝皇宫廷，这里是指仙人居所。紫庭楼后面有一个天然屏障，因而得名紫庭嶂。紫庭嶂是羊角洞风景区中极其雄伟的嶂，它绝献横空，气势不凡。与万象嶂相比，它显得略高

雾霭山岚

了些。嶂下有许多洞壑，又有葫芦岩、葫芦瀑和葫芦池，紫庭嶂的后面有白鹤生蛋和八仙桌等景致。

十方丛林

十方丛林是一种寺庙管理制度。十方：指东、南、西、北、东南、西南、西北、东北、上、下。丛林，通常指禅宗寺院。

同治

同治，清穆宗爱新觉罗·载淳的年号，时间为1861年至1875年。同治年间，阶级矛盾激化，发生太平天国、捻军、苗民、回民等多次农民起义。

清朝

清朝是中国历史上第二个由少数民族建立的统一政权，也是中国最后一个封建帝制王朝，对中国历史产生了深远影响。1616年，建州女真部首领爱新觉罗·努尔哈赤建立后金，这是清朝的开始。

北石梁洞

北石梁洞又名仙人洞，位于雁荡山最北端的仙桥景区。北石梁洞是一天然洞穴，洞口朝南，洞宽约50米，高深各20余米，为雁荡山第二大洞。相传仙人王子晋吹箫桥上，曾憩息于此，故将此洞命名为“仙人洞”。洞内有上、中、下三层。洞顶有龙岩、狮子岩、鲤鱼岩、玉兔望月等景致。洞内建有木构的大殿三间和住房、厨房数间。殿内供送子观音、如来佛祖、财神和文曲星。

绿水青山

大殿东北角的那个洞内有张石床，相传是王子晋游仙桥时下榻过的地方，故称仙人床。200多年前，施元孚在《雁荡山志》中还没有记载洞内有建筑物。直到清代嘉庆年间才开始建立“仙洞寺”。仙洞寺早已荒废，现在的洞内建筑为1889年所建。洞底层有1812年（清嘉庆十六年）立的“仙洞寺碑”记述此事。

洞口有瀑飞泻，泉清味甘。此洞位置较高，从山下到洞内，需盘曲上登2000余级石砌山路。

送子观音

送子观音，俗称“送子娘娘”，是抱着一个男孩的妇女形象。送子观音很受中国妇女喜爱，她们认为，只要摸摸这尊塑像，或是口中诵念和心中默念观音，即可得子。

文曲星

文曲星，星宿名之一。中国神话传说中，文曲星是主管文运的星宿，文章写得好而被朝廷录用为大官的人是文曲星下凡。

施元孚

施元孚，清乾隆时人，家贫苦学，工于古文，由于科场失意，寄情山水。

仙 姑 洞

仙姑洞位于浙江温州乐清市大荆镇福溪乡高余村，此地是乐清、黄岩两地交界。“仙姑洞”亦属于雁荡山最北的仙桥景区，它下临龙湖，离福溪水库大坝约3千米。这是一个曲尺形的奇洞，洞高约20米，宽约80米，深约40米，有东、南两个洞口。东洞口下临绝壁，南洞口也极险峻。清朝咸丰庚申（1860年）时才有人进洞栖息修炼。此洞乃雁荡胜景之一，洞生在奇山异峰之中，气势十分恢弘。

至于仙姑洞的来历，它是由一个真实感人的悲剧故事引发出来的。清朝咸丰辛酉年（1861年），台州临海李公岙的李玉莲姑娘，避乱至洞中，在同治甲子（1864年），为反抗土寇强劫遂投崖殉身。人们在危崖下发现她的尸体时，只见她肤色如生，悠然仙逝。后来人们尊她为“仙姑”，并将此洞改称“仙姑洞”。洞麓的仙姑墓至今还隐约可见。仙姑洞素称东瓯胜地，山水清幽。洞内翠壁丹崖，别开化境，一派琼楼仙阙的气象。

恢弘

恢是广大、宽广的意思；弘是大的意思；二者合起来，就是极其宽广的意思，常用来形容气势，如气势恢弘，恢弘壮观，等等。

水秀松高

殉身

《孟子·尽心上》："天下有道，以道殉身。"赵岐注："殉，从也。天下有道，得行王道，道从身施，功实也。"殉身后指为达到某种目的而献身。

东瓯

东瓯又叫东越或瓯越，是秦汉时期东海王国的首都，即今浙江省永嘉县瓯北镇。

观　音　洞

在雁荡山梅岭西麓有一石洞，洞似一大型石室，天然生成，洞内有一石柱悬垂至地，洞上及洞周石壁雕有观音像。这就是观音洞，原名灵峰洞，后改罗汉洞，再改观音洞。洞旁建一庵，明万历年间为茅棚，清康熙年间建成庵宇，道光、光绪、宣统年间又陆续兴建。1983年，大殿内由浙江美术学院雕成观音坐像一尊，目光慈祥，妙相庄严。洞后古树成荫，巨石层叠。观音洞藏于合掌峰之中，洞高113米，深76米，宽14米，依岩构筑九层楼阁。为雁荡山第一洞天。进入山门即见天王殿。从山脚要经历403级石阶，才达顶层大殿。正殿供奉观音菩萨坐像，旁立十八罗汉塑像，岩壁上新增了三百应真，更显出一派佛门气象。洞顶有泉水三处，名洗心、漱玉、石釜。仰望洞顶，中开一小罅，阔尺余，长三四丈，有一线

观音洞

天光泻下，名叫“一线天”。在第七层朝外面岩壁观看，左手面可见一指观音，当中可见侧面观音像，右手面可见地藏王像。

万历

万历（1573—1620）是明神宗朱翊钧的年号，明朝使用万历这个年号一共48年，是明朝使用时间最长的年号。

康熙

清圣祖仁皇帝爱新觉罗·玄烨（1654—1722），即康熙帝，清朝第四位皇帝、清定都北京后的第二位皇帝。

地藏菩萨

地藏菩萨，或称地藏王菩萨，曾音译为“乞叉底沙”。因其“安忍不动如大地，静虑深密如秘藏”，故名地藏。其为佛教四大菩萨之一，与观音、文殊、普贤一起，深受世人敬仰。以其“久远劫来屡发宏愿”，故被尊称为大愿地藏王菩萨。

天 窗 洞

天窗洞原名天聪洞，位于浙江省温州市乐清市雁荡山镇。洞口形似耳窍，洞内有洞，洞底见天。此洞在展旗峰北，洞口朝西南，面对天柱峰，沿屏霞轩右侧拾级而上可到。“洞外有二孔如目，又一孔如口，故曰天聪。”这如目的二孔，一孔朝北，一孔朝西北；这如口的一孔，即洞口。洞深不可测，但光自底生，洞内通明。投石于洞内，声如转鸣瓮中。境界幽异，徐霞客誉之为“嶂左第一奇”。古时，上天窗洞很不容易。徐霞客第一次游此洞，沿“蹬级”攀上西南洞口而止。第二次游此洞时，先上西南洞口，因峭石直下，不能进洞。继而绕道至洞的北面，费尽周

绿苔扶壁

折才进入洞中。这真是“千层绝壁攀藤上，谁道崔嵬不可穷?”后人鉴于攀登之难，于清道光二十二年(1842年），开筑天窗洞岭。1912年重修。1983年，又增铺条石路面。如今，欲登览幽异的天窗胜景，已不成难事。可惜不少游人行色匆匆，把这个奇洞给忽略了。

天窗洞

天窗洞生得内外皆奇，元李孝光《灵岩二奇》中，此为其一。明徐霞客游记中，有进入洞底察看之情形。

道光

道光是清宣宗的年号（1821—1850）。清宣宗（1782—1850），名爱新觉罗·绵宁，后改为爱新觉罗·旻宁，满族。嘉庆病死后继位，是清入关后的第六个皇帝，在位28年。

民国

中华民国是从清朝灭亡至中华人民共和国建立期间的国家名称和年号，简称民国。这是中国历史上大动荡大转变的时期，半殖民地半封建社会的终结阶段。

方　　洞

方洞是温州雁荡山著名的景点，它位于灵岩景区西面，山上有很多山洞，其中最大的一个山洞，当身在其中时它是圆形的，从山下（远处）看又是方形的，所以称它为方洞。方洞本身是方洞景区的重要景点，也是其景区名称的由来，方洞生得非常整齐，但又不倾斜。方洞内建有一个道观，是方洞的主要游览之处。在洞内有三处滴泉，滴泉的积水可以饮用。在方洞的洞口有百余米的栈道，是在绝壁中凌空架起的，在栈道上可以俯瞰山景。但因栈道非常险峻，许多人不敢尝试，近年来又修筑了栏杆，才使人有安全之感。方洞的整体感觉非常好，在山体里面的洞，不管是人工打造的还是天然形成，感觉都非常的舒服，里面的温度也很

方洞

适宜。夏天去很凉快。如果是雨天游方洞，可以看到烟雨空蒙的奇景，堪称一绝。

栈道

栈道原指沿悬崖峭壁修建的一种道路，又称阁道、复道。中国古代高楼间架空的通道也称栈道。

道观

道观是道士修炼的地方。道观要保持清静、整洁和庄严。修道的方法众多，就是求以“清静无为”、“离境坐忘”安静自然为本。

雨

雨，一种自然现象，表示从天空降落的水滴。关于雨有许多相关的文学作品，如巴金的小说《雨》，郁达夫的散文《雨》等。

羊角洞

雁荡山风光

羊角洞属雁荡山景区，位于方山东南半壁中。羊角洞又名一洞。它的得名有三种说法，一说因洞口形似羊角，二说因洞内右侧有羊角井，三说因洞外左前侧有羊角岩。不论哪一种说法，反正都和羊角形状相关。羊角洞内的众多异洞，给人造成神秘莫测的感觉，所以历来为道家养性修真之地，相传汉朝的紫阳真人周义山在此洞得道飞升。至清代，此洞建设始具规模。于同治年间建筑三清殿、吕祖殿、三官殿、紫庭楼及厨房等80余间。至光绪中叶，又有较大发展，始建玉蟾宫。在“文革”期间，这些建筑基本被拆毁。近年，重建了古朴典雅的大殿、方丈楼和藏经楼，并新建了一楼一底的配殿三间。洞内建玉蟾宫，宫名是由洞口右侧一块巨大的蟾蜍石而来的。在大殿正中的岩壁上，从右至左依壁雕琢了七尊神像：老子、元始天尊、灵宝天尊、杨老令公，杨老令婆、杨七郎和开山祖师陈体阳。

三清

三清，道教用语，指居于三清仙境的三位尊神，即玉清元始天尊、上清灵宝天尊、太清道德天尊。

吕祖

吕祖即吕洞宾，号纯阳子。由于道教全真道派奉吕洞宾为纯阳祖师，故世称吕祖。

三官

三官大帝是早期道教尊奉的三位天神，指天官、地官和水官。中国上古就有祭天、祭地和祭水的礼仪。

龙 鼻 洞

龙鼻洞又名龙鼻龛，龙鼻洞系灵岩风景区之名胜，位于灵岩寺右侧的插龙峰下。洞的形状像一只蚌壳，深宽各约40米，高约100米。可从寺后或寺旁的石蹬小路盘旋而上。洞口朝南，正对玉女峰。紫黑色两壁顶端接合处，嵌一条青铜色横石，似青龙，鳞甲宛然，蜿蜒下绕，将至洞底，垂奏瓠，一爪据地。此洞崖碑刻特多，计有历代摩崖碑刻80多处，被称为“雁山碑窟”，为文人墨客拜谒之地。洞中摩崖分布在两壁最上层。以唐贞元十年（794年）包举题名为最早。宋刻中7处有纪年，13处有干支纪年

水秀山奇

或题名，其中“沈括”二字尤为珍贵。元代1处，明代23处，清以来9处。另有宋以来碑刻7处。洞口岭旁巨石上镌“天开图画”四个大字，为明代朱晦翁书。这些摩岩碑刻，在字体上看，或篆或楷或行或草，有端庄、清隽者，有凝重、飘逸者，笔走龙蛇，合璧珠玑。

龛

龛是供奉佛像、神位或祖先灵位等的小阁子，如佛龛、神龛等，一般为木制，是中国古代的石窟雕刻。

贞元

贞元，是纯正的意思。语本《易·乾》，高亨注：“元，善也。贞，正也。”古代以元亨利贞喻春夏秋冬，故贞元也借指时令的周而复始和天道人事的转换。贞元也是唐德宗李适的年号。

朱熹

朱熹（1130—1200），字元晦、一字仲晦，号晦庵、晦翁、考亭先生、云谷老人、沧洲病叟、逆翁。

北 斗 洞

北斗洞位于浙江省温州市乐清市北雁荡山镇，原名伏虎洞，因洞口正对伏虎峰而得名。后因道家礼拜北斗元君，而改今名。北斗洞位于观音洞左侧，朝南。清光绪初年，道人赵至贤始开此洞。在募建“凌霄殿”未落成时，至贤羽化。其徒蒋宗松继续奔走六七年，独立经营，洞府始见规模。后因年久失修，殿宇衰败。1986年，雁荡山管理局曾拨款修缮后殿。1990年，在旧址上改建三间正殿，飞檐画栋，肃穆雄伟。正殿名为凌霄殿，后殿改为大罗宝殿，亦修缮一新。古洞新貌，气象庄严，为雁荡山的一处著名道观。洞口高大宽敞，洞内光线充足，冬暖夏凉，为雁荡山诸景所不及。洞顶偏左，在赭黑色的岩石中嵌着一条虬曲的青色岩石，好像龙腹部的鳞片，因称“青石卧龙”。洞内还有“金乌玉兔”“倒挂青蛙”等景致。洞左下方有石髓泉，俗名“龙井”。泉水从石罅中渗出，晶莹清澈，水质甘洌，常年不枯。洞前奇峰环峙，举目可见双伏虎、美女梳妆、金童、玉女、金蝉脱壳诸景。

羽化

传说，古代修道之士修炼到极致，能跳出生死轮回、生老病死，是谓羽化成仙。

大罗宝殿

虬曲

虬，古代传说中的一种龙。曲，弯曲。合起来就是，像虬龙那样弯曲，实则就是弯弯曲曲。

金童玉女

金童玉女指道家谓供仙人役使的童男童女。按道教的说法，凡神仙所居洞天福地，皆有金童玉女伺候。道教的玉皇大殿、三清殿等神殿中神像的旁侧，常塑有金童玉女像。

卧 龙 谷

龙口湖

“卧龙谷”在浙江省温州市乐清市雁荡山风景区灵岩景区内，在小龙湫背上，俗称石船坑。由于谷的位置在小龙湫之上，因之称为“卧龙谷”。谷内高爽清幽，奇景罗列，飞尘不到，恍若桃源。在卓笔锋旁坐缆车，上天桥，天桥是一条依嶂壁修造的栈道。过桥，前面即是龙口湖，湖深5米，湖水清冽碧绿。湖口有蓄水设施，作适量放水，确保小龙湫瀑布长年不断。沿山路上去，谷的左面崖壁上有一个大洞，这就是九龙洞。远看洞内像是画着九条五颜六色盘曲缠绕的巨龙。洞下是石船神水，船背的裂缝中有小量的泉水在不断流淌。再往上走，在谷的右侧，有一个新开辟的藏宝洞，洞口朝东北，洞深、宽各约15米。稍向里走几步，即到茶室，这是一座木结构的三开间仿古建筑，颇为洁净典雅。茶室下面的谷底空地上建有卧龙居。在谷底还有卧龙潭，潭旁有怪洞。谷内还有许多来不及命名的奇峰怪石，同样可以欣赏。

桥

桥是一种用来跨越障碍的大型构造物。“桥”原本是一种高大的树，因为够高大，砍下来放在河面，连着两边岸，即独木桥。

神

神，指人的精神；也用于形容高深莫测；迷信的人称天地万物的创造者和所崇拜的人死后的精灵为神。

茶

茶原为中国南方的嘉木。茶叶作为一种著名的保健饮品，是古代中国南方人民对中国饮食文化的贡献，也是中国人民对世界饮食文化的贡献。

接 客 僧

接客僧位于灵峰景区入口。接客僧又名石佛岩、老僧岩。观赏此景的理想地点是石佛亭，可惜亭子已经塌坏，据说即将重建，在水涨新桥头向西南观望，也颇为真切。老僧秃顶披袈，朝东南方，宛然兀立，拱手作迎客状，对所有来宾，他总虔诚相迎。清人“兀然山口立，笑引往来人”的语句，就是写这个景致的。传说很久以前有个云游和尚，从峨眉山动身，经过千岩万壑，千里迢迢来到雁荡山。他见这儿层峦叠翠，奇峰竞秀，十分喜爱，就住在飞泉寺里。自从他来飞泉寺以后，天天巡山探壑，把那些白毛老鼠精、独臂猿怪统统消灭了。朝圣的香客接连不断。天上的玉皇大帝听了大悦，封他为“雁荡接客僧”。和尚大

雁荡低处

喜，从此，寒来暑往，终年忙忙碌碌，接待香客。虔诚的和尚，不知在这里兀立了多少个春秋，不知迎接了多少进山的宾客，突然一日，化为这块巨岩。这就成了今天的“接客僧”。

僧

“僧”是梵语“僧伽”的简称，意译为“和合众”，即指信奉佛陀教义，修行佛陀教法的出家人；亦指奉行“六和敬”“和合共住”的僧团。它的字义就是“大众”。

玉皇大帝

道教认为玉皇为众神之王，在道教神阶中修为境界不是最高，但是神权最大。玉皇大帝除统领天、地、人三界神灵之外，还管理宇宙万物的兴隆衰败、吉凶祸福。

峨眉山

峨眉山是中国四大佛教名山之一，作为普贤菩萨的道场，主要崇奉普贤大士，有寺庙约26座，其中较为重要的有八大寺庙，佛事频繁。

梅 花 桩

诸峰显秀

雁荡山净名谷景区内，在水帘洞右侧，有一块高约3米的紫黑色片石兀然斜立，亦曲亦奇，石间有大小不等的洞孔，体态酷似千年老梅之桩，玲珑俊透，生趣盎然。桩后岩上嵌有张叔梅的诗碑，诗云："老梅耐冷心如石，此石何年幻作梅？似恐暗香妨大隐，无言独到海山来。"诗意含蓄，耐人寻味。关于梅花桩有一个美丽的传说：很早以前，有个很勤劳的后生叫梅郎。一天，梅郎砍柴回来，见山坑边有个梅花桩头，便带回家里把它栽了下去。他天天早晚都来浇水，过了一个月，梅花桩尖长出了青枝绿叶，还开出了一朵朵红艳艳的梅花。梅郎吻了一下这红梅花，红梅花突然不见了，变成了梅花仙子并与梅郎结为夫妻。转眼三年过去了，王母娘娘派天将来抓梅花仙子回去。梅花仙子带着梅郎与天兵天将大战一场。最后，两人的血流在一起，两个身体也分不开了。不知道过了多少年，他们成了一座梅花桩石雕。

水帘洞

全国各地的水帘洞很多，但都是《西游记》流行以后起的名字，只有花果山水帘洞是在《西游记》风行以前便有了的。明代海州人张朝瑞在为三元宫写的一块碑记里，便记载着水帘洞是香客必游之处。

王母娘娘

王母娘娘是传说中的女神，亦称为金母、瑶池金母、瑶池圣母、西王母，原是掌管灾疫和刑罚的大神，后于流传过程中逐渐成为慈祥的女神。

天兵天将

天兵天将，顾名思义是指天界中的将领和士兵，他们的主要作用是卫护天宫，维护佛法，下界降妖除魔。

夫妻峰

夫妻峰，即灵峰，是中国十大名山之一雁荡山最奇妙的风景之一。雁荡山以移步换景而著称，其中又以夫妻峰这一景点最为销魂。在夜色的映衬下，构成了一幅夫妻相偎相依、温馨浪漫的画卷，体现了人世间纯真美丽、充满诗情画意的爱情。朦胧的黄昏，白天里被人们称为合掌峰的那座山峰，就变了样子，好似一对温情脉脉的情侣：那右边稍高的灵峰，像一位身穿马褂的俊伟青年；左边那座倚天峰，又如一位窈窕淑女，披着长发，左手搭在青年的肩上，而青年的右手挽着姑娘的纤腰。他俩偎依着，在月下窃窃私语。夫妻峰一名出现于20世纪60年代，此名一出，随即得到当地群众和游人的喜爱，便一传十，十传百地传扬开了。来过雁荡山的游客无不铭记“夜夜夫妻多恩爱，日日合掌朝人拜”的夫妻峰，无不为夫妻峰动人的神话传说而倾倒，夫妻峰所代表的对爱情的忠贞态度也被世人所传颂。一定程度上，夫妻峰亦成为雁荡山人文内涵的另一代名词。

移步换景

移步换景一般适合于游记或参观记，描写景物时，人走景移，随着观察点的变换，不断展现新画面。

合掌峰

马褂

马褂，男性服饰名。立领、对襟、平袖端、身长至腰，前襟缀扣襻五枚。马褂原为清代的“行装”之褂，后逐渐成为日常穿用的便服，至民国时期又升格为礼服，统用黑色面料，织暗花纹，不作彩色织绣图案。

忠贞

忠贞是一种节操，是一种气节，有忠诚坚贞之意。它是中华民族的传统美德，世代相传。

倒灵峰

民居

灵峰古洞俗称倒灵峰，位于金鸡峰下，鸣玉溪畔，朝南。传说元朝至正元年（1341年），山崩地裂，原灵峰寺里的无恶不作的主持静空等恶僧统统葬在岩底下，只有一个好心肠的伙夫僧由神犬引出洞外保全了生命。600多年来，人们一直将信将疑，以为不过是一个无案可稽的传说罢了。近年来，在倒灵峰的乱石堆中发现一些破裂的盆、碗、罐、石臼之类寺院遗物，人们才开始信以为真。1991年，雁荡山旅游公司开发了此洞，使之重放异彩。那灵峰因山崩时巨岩垒叠，便形成众多洞窟，洞洞相连，形状各异，迂回曲折，深幽奇特。现在辟有云雾、透天、含珠、隐虎、好运、玲珑、凉风七洞，供游人寻奇探幽。洞顶有东西瑶台，登上瑶台，灵峰诸景一览无余。倒灵峰是灵峰之游“日景”之中的重要景点。

元朝

元朝由蒙古族建立，是中国历史上第一个由少数民族建立的大一统帝国。1271年，忽必烈取《易经》“大哉乾元”之意改国号为元，1279年灭南宋。

至正

至正（1341—1370）是元惠宗的第三个年号，也是元朝的最后一个年号。元朝使用至正这个年号一共30年，是元朝使用相当长的一个年号。

瑶台

瑶台是神话传说中神仙所居之地。晋王嘉《拾遗记·昆仑山》：“傍有瑶台十二，各广千步，皆五色玉为台基。”

双 烛 峰

关于雁荡双烛峰有一个美丽的传说，传说很久以前，在观音洞内有一对蜡烛，铜板般粗，一尺来高，和普通的红蜡烛完全一样，谁也不晓得它从哪里来的，也不晓得它到底点了多少年。它长日长夜通明透亮，风吹不灭，香气扑鼻，香客来来往往，都讲这是一对神烛。当时，海山有个财主，每隔三日就划船来观音洞进一次香。每次进香，趁人不注意时，总要摇摇这对红蜡烛，想把它偷走。有一回，烛光忽然晃了晃，烛台被他摇动了。再拼命一摇，蜡烛灭了，整对红蜡烛被他摇落了。他就把蜡烛藏在怀里赶紧逃。观音洞的石梯阶有3333级，他一步五级，两步十级，连滚带滑，溜下山岭。哪晓得藏在怀里的这对蜡烛越变越大，越变越重。等他快逃到凝碧潭边停渡船的地方时，红蜡烛从他怀里滚了出来，碰着地就生了根，见着风就长得快，直耸到天上去。这就是现在的双烛峰。海山的财主则变成了一只小小的“朝天乌龟”。

铜板

铜板即铜元的俗称，为清朝末年以来所铸造的各种新式铜币的通称。因为与传统的圆形方孔不同，中间无孔，故称为铜板。

凝碧潭

香客

香客即去寺庙烧香的人，朝山进香的人。元无名氏《独角牛》第一折：“这早晚香客未来全哩。”《初刻拍案惊奇》卷三十四：“可有香客与男僧来往么？”

财主

财主即资财的主人。南朝宋刘义庆《世说新语·故事》：“有劫贼杀财主，主者捕之。”《周礼·秋官·朝士》“凡民同货财者。”唐贾公彦疏：“云同货财者，谓财主出债与生利。”

灵岩飞渡

灵岩飞渡是在天柱峰和展旗峰的峰顶拉上一条绳子，高达200米，宽亦200多米，可谓世界罕见。人在绳子上表演翻跟斗、飞翔等动作，堪称一绝。灵岩飞渡位于雁荡山灵岩景区内。高空舞台上，表演人员突然来个猴子捞月，又来个悬空跟斗，游客揪着心，体验刺激。在雁荡山风景旅游管理局全新包装下，灵岩飞渡采用当地乐清民歌《对鸟》及《雁荡谣》等乐曲的播放，主持人解说，详细介绍飞渡的历史；同时在游客休憩的地方配上音响，飞渡人员根据配音再做相应的动作，使表演惟妙惟肖，至此整个表演达到了高潮。另外，飞渡人员与游客之间增加了一个互动项目，飞渡人员在270米的高空抛下绣球，如果哪位游客接到

白云生处

绣球，可以亲身体验飞渡的感觉。悬崖飞渡始于20世纪30年代，在旧社会，村民们为了采吊兰卖钱养身，常身系绳索，沿着崖壁悬空采撷。在漫长的岁月中，他们练出了一身飞檐走壁的本领。

《对鸟》歌词

吩呣飞过青又青哎；吩呣飞过打铜铃哦；吩呣飞过红加绿；吩呣飞过抹把胭脂哎；搽嘴唇哦……

《对鸟》

《对鸟》是一首浙江温州乐清山歌。“对鸟”就是关于“鸟”的问答歌，从文学题材和形式而言，它与“对花”属于同类。“对花”体民歌几乎遍布全国，而“对鸟”大概只有这一首，所以它的题材内容本身就非常特殊。

飞檐走壁

飞檐走壁，指练武的人身体轻捷，能在房檐和墙壁上行走如飞，属轻功。飞檐走壁也是少林寺七十二绝技之一。

罗 汉 寺

别有洞天

罗汉寺是雁荡山中佛教禅宗寺庙建筑，山门外右前方有飞来之石，依壁朝南，样子很像罗汉，故名罗汉寺。相传，一位罗汉从漳州航海到此，碰见樵夫，就飞上高山，化为一石，再也不走了。罗汉寺初建于北宋太平咸平二年（999年），名僧全了建，熙宁元年（1068年）赐额。因寺西有芙蓉峰，初名芙蓉庵。后来又几经兴废，直到1923年，僧谛闲予以重建。有大殿三间和厢房七八间，殿前道坦且敞，山门围墙长达30多米，为别处所不及。寺庙朝南坐落在山谷中，寺前50米处有一石桥，是雁荡山现留唯一的一条宋桥。在寺庙100米处路的左侧山峰形似一只张开血口凶恶的下山虎，右侧山峰形似一只受惊而瞪大圆眼的上山狮，岩石画面栩栩如生，形象逼真。

禅宗

禅宗，又称宗门，汉传佛教宗派之一，始于菩提达摩，盛于六祖惠能，中晚唐之后成为汉传佛教的主流，也是汉传佛教最主要的象征之一。

赐额

赐额即赐予匾额或题额。唐王建《题应圣观》诗："赐额御书金字贵，行香天乐羽衣新。"宋陆游《老学庵笔记》卷五："玠（吴玠）谥武安，而梁益间有庙，赐额曰'忠烈'，故西人至今但谓之吴忠烈云。"

刹

佛塔顶上所立之柱及相轮、宝盖等附属物，统称为刹。原为佛祖墓顶之伞盖，示尊崇之意，至中国则安于塔顶。佛寺、佛塔也可以别称为刹。

章　绘　墓

章纶墓位于浙江省温州市乐清市雁荡山风景区显胜门景区内，是安葬明代礼部尚书章纶的陵园，为乐清市现存规模最大的墓葬之一。章纶，生于1413年，正统三年（1438年）乡试中举，次年春闱得会魁，殿试中二甲三名进试，并提升为礼部尚书，被誉为“忠节名臣”。他于成化十二年（1476年）辞官回乡，1483年去世，被宪宗皇帝封为南京礼部尚书，赐谥“恭毅”。

灵霄宝殿

章纶墓建于明代宪宗成化二十三年（1487年），1988年新建“章忠毅公章吴通谱诗碑”，1999年，重建石碑坊。墓园有1000平方米，主墓石基历经岁月和风雨的洗礼，呈现黝黑的色泽，墓前有石人石马石羊石虎，象征着章纶是个“忠”“孝”“节”“义”之人。墓园的入口处，有一副对联：“铁骨埋为泉下土，石肠化作冢中英”，此联通俗地说，是说他的“铮铮铁骨”渐渐地将变为泥土，他的“烈烈石肠”则幻化为美丽的鲜花。这“铁骨”“石肠”正是他的刚正不阿的品格象征。

乡试

乡试是明清时期在各省城和京城举行的科举考试。照例每三年举行一次，逢子午卯酉年为正科，遇皇家有喜庆之事加科称为恩科，由皇帝钦命正副主考官主持，凡获秀才身份的府、州、县学生员、监生、贡生均可参加。

殿试

殿试，为宋、元、明、清时期科举考试之一，又称“御试”“廷试”“廷对”，即指皇帝亲自出题考试。

会魁

会魁即五经魁。明清科举制度，考生于五经试题里各认考一经，录取时，取各经中的第一名合为前五名，称五经魁。会试中之五经魁亦称“会魁”，乡试中的则称“乡魁”。

净名寺

净名寺是雁荡山十八刹之一，在浙江乐清县雁荡山灵峰南五里的净名谷中。从翠薇嶂东头下的公路向北稍进，跨进吉星桥左转不远即到。净名寺旧名净明庵，是宋代太平兴国二年（977年）兴建的，嘉祐八年（1063年）赐匾额。原来山门有一联：“净水绕门蓝作带，名山当户翠为屏。”清朝乾隆间重新兴建。建筑极宏丽，今已衰落，寺后为金顶峰、伏牛岭，下为蓼花潭及散花龛。旧志中记载有水帘谷、一线天、维摩洞等景观，环境很幽美。南宋王十朋曾为净名寺作诗二首，一首为“净名却见老维摩，道眼相逢语不多。待我衣冠挂神武，杖藜来此老岩阿。”另一首是“谷中有月露蛾眉，水织珠帘更绝奇。满目峰峦观未尽，有僧

小亭陶然

携纸觅题诗。”两首诗十分形象生动地描述了净名寺的建筑及周围的景观。

太平兴国

太平兴国（976—984）是北宋君主宋太宗赵匡义的一个年号。吴越忠懿王钱俶亦用该年号纪年（976—978）。

嘉祐

嘉祐（1056—1063）是宋仁宗的第九个年号，北宋使用这个年号一共八年。嘉祐八年（1063年）四月宋英宗即位沿用。

王十朋

王十朋南宋著名的政治家和诗人，出生于乐清四都左原（今浙江省乐清市）梅溪村，以名节闻名于世，刚直不阿，批评朝政，直言不讳。

烈士陵园

乐清雁荡山革命烈士陵园位于著名风景区雁荡山三折瀑景点附近，该陵园占地6600平方米，在这里安息着400多位各个历史时期牺牲的浙东南地区的革命烈士。为了让浙南地区的广大人民群众世世代代铭记为革命、为人民捐躯的先烈们，乐清县人民政府早在20世纪50年代就开始规划兴建雁荡山革命烈士陵园，几经修复、扩建，如今初具规模。雁荡山革命烈士陵园，背靠狮子山，东西两侧有三折瀑和铁城山之水分流左右，形成了三面绿水、四壁青山的幽静环境。陵园由正门、人行道、祭坛、骨灰塔、纪念碑、墓穴、亭台、花坛和纪念馆等组成。正门系牌楼式建筑，水泥冲天柱三间结构，柱头饰以云纹。青石门额刻有粟裕将军题写的“雁荡山烈士墓”六个大字。13米高的纪念碑屹立在烈士陵园正中，碑身为花岗岩石，上刻《雁荡山革命烈士纪念碑志》，“雁荡山革命烈士纪念碑”十个苍劲的大字是张爱萍将军的手书。烈士墓背后狮子峰的悬崖峭壁上刻有“为国牺牲”四个大字气韵非凡，如匾额高悬。

纪念碑

纪念碑是为纪念已故人物或大事件而建立的石碑，如庆祝战争胜利的纪念碑。

天王殿

花岗岩

花岗岩是一种岩浆在地表以下凝却形成的火成岩，主要成分是长石和石英。因为花岗岩是深成岩，常能形成发育良好、肉眼可辨的矿物颗粒，因而得名。

匾额

匾额悬挂于门屏上作装饰之用，反映建筑物名称和性质，是表达人们义理、情感之类的艺术形式。

观音洞的传说

关于雁荡山的观音洞，有一个传奇故事。相传在1000年前，观音洞里有很多岩石，还长着刺藤，住着狐狸、蜈蚣精和狼，它们都很凶暴。一日，一个老和尚来到方洞，那时，他已经筋疲力尽了。他看到观音洞，想去那里念《法华经》，当时他忘记了口渴，忘记了饥饿，加快步伐赶去念经。一条条刺藤划破了老和尚的脸，但他毫不觉得痛，还是不断前进。老和尚终于到了，他在观音洞里念经，岩石上的水滴一点一点地滴下来，老和尚称它为“清泉”，老和尚念了一天一夜，住在这观音洞里的狐狸、蜈蚣精和狼都戏弄老和尚，可是老和尚还是只管念自己的经，不去理它们。它们捉弄了老和尚几天，也都累了，坐在老和尚的旁边日日夜夜听老和尚念经，老和尚喊着：

一线藏圣

“善哉！善哉！”它们也受到了感化。狐狸一心想要改过，就让野狐狸们把这些岩石给搬走。蜈蚣精也想要改过，就让毒蜈蚣们把这些刺藤咬断。老狼呢？它让狼群把这些石头推下山。这老和尚至今还坐在观音洞观音的后面呢！

善哉

古人经常在他人说了某句有道理的句子时说“善哉”，来表示他的赞同。它也是僧人用作表示惊叹的口头语，既可以表示赞许，又可以表示不满。

《法华经》

《法华经》是释迦牟尼佛晚年在王舍城灵鹫山所说，为大乘佛教初期经典之一。《法华经》形成年代约纪元前后，最晚不迟于1世纪，因为龙树菩萨（150—250）的著作《中论》《大智度论》已引用本经文义。

精

精，即妖怪，在神话体系，动植物或天然物质通过吸收日月光华而形成精。如修炼成精，三打白骨精。

美丽姐妹花

雁荡姐妹花，有真实的，有传说的，也有分不清是真实还是传说的。先说和观音洞有关的一对姐妹花。北宋徽宗崇宁五年（1106年），有个叫刘允升的人和两个女儿一起在灵峰修行。后人在观音大士像的旁边增塑刘氏父女的像，显然已将他们当成神了。雁荡山另一对姐妹花是金家姐妹。传说她们父亲金都尉为除去危害人间的龙而被淹死。两个女儿也投水自尽了。和刘家、金家两对姐妹不同的是鲍家姐妹，她们是见于史料记载的真实的历史人物。她们是宋末雁荡山抗元义士鲍叔廉的侄女，一个叫嫆娘，一个叫婉娘。宋末，元军铁骑南下，鲍叔廉竖大旗于山顶，

崖下藏奇

对元军进行殊死抵抗。最后，鲍叔廉战败自刎殉国。嫆娘、婉娘二女投崖而死。嫆娘、婉娘这对美丽的姐妹花，初开即凋零于国难之中，自是人间悲剧。其实，像传说中的刘允升的两位女儿，还有传说中溺水而亡的金氏姐妹，也何尝不是悲剧角色？雁荡山姐妹花的故事因此而带了一层凄美的色彩。

义士

义士指侠义之士。《战国策·赵策一》："赵襄子曰：'彼义士也，吾谨避之耳。'"唐司空图《冯燕歌》："魏中义士有冯燕，游侠幽并最少年。"

铁骑

铁骑是古代军事战争中骑兵的一种，属重型兵种，是古代战争中威力巨大的力量之一。

殉国

殉国指为国家的利益而牺牲生命。北魏杨炫之《洛阳伽蓝记·追光寺》："既见义忘家，捐生殉国，永言忠烈何日忘之！"

洪武尖的传说

雁荡山东麓有一座山峰叫洪武尖，相传是朱元璋赐封的名字。元朝末年，朱元璋攻打温州时受了伤，差一点被捉住。还好，他那匹枣红马带他冲出敌阵，忽见三面尘土飞扬，无数元兵蜂拥上来。朱元璋想冲进敌阵，决一死战，哪晓得枣红马却一步一步向后退。奇怪的是，马倒退时踏过的地方，一群又一群大大小小的蜘蛛，忙忙碌碌地给它织了一层层白白厚厚的蜘蛛网，好像这蹄印不是新踏出来的。当元军追到这里时，看看蹄印，只当朱元璋已过去很久，也就不再追了。朱元璋跑了一段路，远远望去，只见云雾当中，有一山尖隐隐现现，闪着阵阵霞光。朱元璋跑上了峰尖，渴得要命，偏偏这山尖没水，他就大叫：“苍天在上，

山中险境

快赐我甘露吧！”说罢，他随手把剑插在草地上，一下子，一股清泉喷出来了。朱元璋用泉水洗浴，刀伤不痛了，身上力气也大了。后来，朱元璋当了明朝的开国皇帝，就把那座高山尖叫做“洪武尖”。

洪武

洪武（1368—1398）是中国明代第一个年号，当时在位皇帝为明朝开国皇帝明太祖朱元璋。

赐封

赐封即赏赐拜封。《楚辞·天问》：“比干何逆，而抑沉之？雷开阿顺，而赐封之。”王逸注：“雷开佞人也，阿顺于纣，乃赐之金玉而封之也。”

甘露

甘露指甘美的露水。《老子》：“天地相合，以降甘露。”宋梅尧臣《和永叔桐花》：“晓枝滴甘露，味落寒泉中。”

显胜门传说

传说每年桃梅杏李成熟时节，玉皇大帝总要派仙人下凡，采集百果，在瑶台举行一次盛会。这一年，铁拐李奉旨采了一担果品，正准备返回天宫时，被眼前一座座莲花瓣似的山峰迷住了。铁拐李放下果担，用手指往前面一戳，只见擎天的岩壁“轰”的一声往两边移动，裂出一扇石门来。铁拐李双脚一蹬，腾空进了石门，去游览胜境了。再说瑶台盛会已临近，玉皇大帝见铁拐李还没回来，只好派韩湘子去找。哪晓得韩湘子一连几天奔走，还是不见铁拐李的影子。有一日，韩湘子找到东海边上，也被眼前的一座人间少有的仙山迷住了。仔细一看，那山顶上还放着一担果品，旁边插着一条仙杖，山腰间有一只很大的仙人脚印。不用说，铁拐李一定在这里了。他顺着铁拐李的脚印，也遁入石门去。谁晓得他这一去，也没了踪迹。后来，人们看见那一担果品早已化作了岩石，那仙杖呢，也变成了仙杖峰，那裂开的石门，大家就叫它显胜门。

韩湘子

韩湘子，字清夫，是民间故事的“八仙”之一，拜吕洞宾为师学道。道教音乐《天花引》，相传为韩湘子所作。

灵岩寺

铁拐李

铁拐李，相传姓李名玄。相传他曾遇太上老君得道。神游时因其肉身误为徒弟火化，游魂无所依规归，乃附一饿死者的尸身而起，蓬头垢面，坦腹跛足，肋夹铁拐，故名铁拐李。

东海

东海是中国三大边缘海之一，是中国岛屿最多的海域。东海亦称东中国海，是指中国长江口外的大片海域，南接台湾海峡，北临黄海，东临太平洋，以琉球群岛为界。

金交椅传说

朝阳洞

雁荡朝阳洞山上，有一块大岩石，好像“金交椅”一样。传说“金交椅”下面原先有个岩洞。那时，雁荡响岭头有个看牛娃儿叫灵峰。灵峰帮财主放牛，一日，灵峰发现了“金交椅”脚下这个岩洞。他把手伸进去，哪知道马上摸到一条活蹦乱跳的鲤鱼。他一连摸了五条鲤鱼。这以后，灵峰每日上山放牛，都到洞里摸鱼。奶奶每日吃鲤鱼，眼睛慢慢好转起来。灵峰吃了鲤鱼，也长成了身强力壮的铁汉子，力气增加了不少。一日，灵峰挑着柴下山，身上背着很重的竹篓，没想到在路上撞到朝廷里派来的阴阳先生和他带来的四个喽啰，他们是到雁荡山来破“金交椅”风水的。四个喽啰七手八脚一齐冲过来抢鱼。灵峰顺手把鱼篓抛上天空，只见鱼篓向西飞去，一下子不见了。只听“嘭”的一声，岩洞关闭了。从此，“金交椅”脚下再也没有岩洞了。灵峰抛的那五条鲤鱼，在灵岩那一边山头，化成了岩，大家都叫它“朝天鲤”。

金交椅

金交椅是古代一种有扶手，腿交叉，可以折叠的椅子。多用来比喻领导地位。“第一把金交椅”比喻最高的地位。

阴阳先生

阴阳先生，旧多指懂些风水、阴阳八卦、五行命理的一类人，早期多从道教演化而来，为人推算祸福吉凶、生老病死等。

风水

风水，本为相地之术，即临场校察地理的方法，也叫地相，古称堪舆术，相传风水的创始人是九天玄女，比较完善的风水学问起源于战国时代。

羊角洞传说

据说羊角洞的形成还有一段美丽的传说。传说在雁荡山有个叫阿宝的后生，家里有只大白羊。每日天未亮时，他就牵着羊到半里外的坟坛去放。一天下午，他又把羊牵到坟坛，拴在一个木桩上，便同小搭档小锤去池塘玩水。两人正玩得高兴，忽然乌云滚滚，雷云闪电，眼看天就要下雨了。阿宝一口气跑回坟地，不管三七二十一，捉住羊绳使劲一拉，就往家里跑。过一会，雨停了。小锤途经阿宝家时，见阿宝站在羊棚边，一手捏着羊绳，一手翻开棚门，嘴里念着："出来！出来！"小锤忍不住笑出声来。阿宝听到笑声，回头一看，自己手里拉着的竟是一条羊绳！羊不知哪去了。阿宝"啊"的一声，结结巴巴地讲："怪——怪不得，这么顺当！"原来阿宝使劲过猛，把羊绳给拉断了，羊还留在山上哩！阿宝的羊在山上到处乱跑，它跑

山有传奇

呀，跑呀，最终跑到了方岩顶，不当心一只角撞在岩壁上，岩壁被撞了个羊角形的窟窿，从那以后，老百姓就把这窟窿叫做“羊角洞”。

坟坛

坟坛即坟前的祭坛。宋洪迈《容斋三笔·土木偶人》：“赵德甫作《金石录》，其跋汉居摄间坟坛二刻石云：‘其一上谷府卿坟坛，其一祝其卿坟坛。曰坟坛者，古未有土木像，故为坛以祀之。两汉时皆如此。’”

雷

雷指伴随闪电出现的强烈爆炸声。由闪道中的高温使水滴汽化、空气体积迅速膨胀出现冲击波而产生。

闪电

闪电是一种自然现象，通常是暴风云（积雨云）产生电荷，底层为阴电，顶层为阳电，而且还在地面产生阳电荷，如影随形地跟着云移动。

玉清宫伐木雁荡山

宋真宗时，因澶渊之盟，真宗怏怏不乐，为了在臣民中挽回他的“天威”，就和佞臣王钦若定计，装神弄鬼，制造“天书”的神话：说在泰山发现“天书”。真宗于是将年号改为“大中祥符”，又让“天书”为自己找出一位姓赵的“圣祖”来，还按照“天书”的指示，亲率庞大的护从队伍到泰山封禅。为了安放所谓“天书”，真宗下旨在京城汴梁建造玉清昭应宫（简称玉清宫），命三司使丁谓总管其事。丁谓制定的计划规模宏大，用了7年多时间才修成。宫中房屋有2610间，壮丽只有阿房宫可与比拟。玉清宫建筑材料中的木材的来源，远至大西北、大西南，几乎全国各地都被列入采材范围，而主要在南方地区的温州雁荡山采伐。因玉清宫

雁荡雄浑

采伐木材，雁荡山才开始被外界所了解。伐木雁荡，固然使雁荡山提高了知名度，使外界更多的人特别是“士大夫”知道雁荡之奇，但从另一角度看，这又使雁荡山森林资源遭受第一次大破坏。

澶渊之盟

澶渊之盟是北宋与辽经过多次战争后所缔结的一次盟约。宋辽之间百余年间不再有大规模的战事，礼尚往来，通使殷勤，双方互使共达380次之多。因澶州又名澶渊，遂史称“澶渊之盟”。

佞臣

佞臣是祸国殃民、背信弃义的一类人的统称。秦桧跪像背后岳飞墓阙上的楹云：“青山有幸埋忠骨，白铁无辜铸佞臣。”

封禅

封为“祭天”，禅为“祭地”，封禅是指中国古代帝王在太平盛世或天降祥瑞之时的祭祀天地的大型典礼。

雁荡山佛教

北雁荡山是佛家修行之地，大概在南北朝时，佛教传入雁荡山。不过，佛教在雁荡山的真正兴起是在唐朝。相传，雁荡山的开山祖师是如来佛的弟子、十六罗汉中排位第五的诺距罗。一日，他来到雁荡山下，但见此处凭海临风，姹紫嫣红，花香鸟语，心中暗暗高兴，于是他领着弟子们进山开始兴建寺院。佛教自此兴盛。诺距罗后在大龙湫观看瀑布时坐化。人们尊奉他为雁荡的开山祖师。诺距罗之后，有许多僧人在此修行，在宋时达到了鼎盛时期。雁荡山的寺庙自唐时开始修建，宋时除了修葺还建造了更多的寺庙，有十八古刹、十六亭、十院之称。比较有名的有灵峰寺、白云庵、灵岩寺等。灵峰中有观音洞，由大悬崖凌空夹峙而成。洞内有佛寺依洞而筑，共分九层，号称九重天，里面供奉着观音菩萨，周围的洞壁上摆了大小不一的佛像。合掌峰巨壁的左侧缝间手指大的酷似观音菩萨的石像，人们称为“一指观音”。

开山祖师

开山祖师，佛教语，指开创寺院的人。借指某一学术流派、技艺或事业的创始人。宋刘克庄《诗话前集》：“欧公诗如昌黎，不当以诗论，本朝诗惟宛陵为开山祖师。”

大雄宝殿

九重天

中国传统说天有九天。《太玄》曰：有九天，一为中天，二为羡天，三为从天，四为更天，五为睟天，六为廓天，七为咸天，八为沉天，九为成天。又曰：天以不见为玄。

亭

亭（凉亭）是一种中国传统建筑，多建于路旁，供行人休息、乘凉或观景用。亭一般为开敞性结构，没有围墙，顶部可分为六角、八角、圆形等多种形状。

雁荡山大会市

每年的农历三月初十是中雁荡山一年一度的大会市，地点在中雁荡山的白石镇，历史久远。相传早在宋末元初，集市就已形成。大会市历时一周，农历三月初十为高峰期，规模宏大，万商云集，百业兴隆。三月初十，正值清明节前后，春耕来临之际，历来购买锄、镰、犁、耙等各式农具，簟、镰箩、畚斗等各种农家用具，是市日一大特色。集市中心场地“马道滩”，过去是一片面积约50亩的沙石滩，滩内棚架摊位星罗棋布，交易的商品、农副产品、山地货种类繁多。现在，中心市场“马道滩”已建成一幢幢楼宇，集市贸易分散在集镇各条街巷和空旷场地。据1988年不完全统计，仅三月初十这一天，上市者超20万人次，参加交易商店摊铺达1400余家，仅专卖服装、布料、针织品、鞋类的个体商贩逾1600

别有世界

人，其他工业品、手工业品、土特产等有1000多个品种。商品成交额近1000万元。

耙

耙是农业生产中传统的翻地农具，曾经是农家必备的农具之一，也是中国武术器械之一，由农具演化而来。铁齿钉耙，耙齿锋利似钉，攻击性强，也兼有兵器的作用。

簟子

簟子即竹席。清黄六鸿《福惠全书·刑名·人命下》："检枯骨：用蔴依次穿成形骸，以簟子铺定。"

畚斗

畚斗，别名灰斗，平时用来装垃圾的一种铲状盘，通常有一个短把，用以收运从地板上扫除的垃圾。

雁荡山夫妻节

初临雁荡

雁荡山"夫妻峰"以其神似两个深情拥抱的夫妻而得名。夫妻峰千年的文化积淀诠释的是忠贞不屈和至爱和美，每个时代的夫妻都能在他们身上找到自身的烙印，彼此能相互理解，相互宽容。浙江省温州市旅游局和温州市乐清市人民政府借雁荡山这对自然天成、紧紧相拥的山峰举办了雁荡山夫妻文化节。夫妻文化节最重要的一个目的就是让游客能深入领悟夫妻间的文化魅力，在山水之间感受回归自然、回归家庭的天伦之乐。2008年12月15日，举办了以"海上雁荡，流金乐清"为主题的首届雁荡山夫妻节，旨在倡导夫妻恩爱，构筑和睦家庭的理念，推动乐清旅游经济快速健康发展。2009年11月17日至12月5日期间，举办了以“魅力雁荡山，情爱满人间”为活动主题的第二届中国雁荡山夫妻节。2010年11月5日至7日，第三届中国雁荡山夫妻文化旅游节正式举行。2011年11月12日，第四届中国雁荡山夫妻文化旅游节正式举行。

诠释

诠释：说明；解释。它是对一种事物的理解方式，或者是用心感受的一种方式，一种方法。也可理解为对某事的讲解。

天伦

天伦原指自然的道理，代指父子、兄弟等亲属关系。李白《春夜宴从弟桃花园序》：“会桃李之芳园，序天伦之乐事。”

家庭

家庭是由婚姻、血缘或收养关系所组成的社会组织的基本单位。家庭有广义和狭义之分，狭义的家庭是指一夫一妻制构成的单元；广义的家庭则泛指人类进化的不同阶段上的各种家庭利益集团，即家族。

雁荡烙饼

游雁荡“观山景、尝小吃、品海鲜，其乐融融”。雁荡山的美食众多，尤以小吃极具当地特色。雁荡风味小吃讲究色、香、味，只要观其色、闻其香，顿使胃口大开。著名的有香螺、番薯粉丝汤、雁荡烙饼、米粉丝面、茴香五味豆腐干、绿豆面等。游雁荡山时你会发现在雁荡街道两旁，摆设着许多小摊子，而且清一色是一个火炉，一个平底锅，它们是用来制作烙饼的。雁荡烙饼最讲究的是里面的调料，一般是用上等的咸菜，和着豆腐干、虾皮、肥猪肉、蛋皮一起揉进面粉团里，然后用手捏成薄薄的、圆圆的一片，放在平底锅上烤，三五分钟过后，一张色香味俱全的烙饼便告成了。必须注意雁荡烙饼虽然好吃，但此菜易上火，不宜多吃。可在食用后再喝一杯凉茶清火。

山高峰险

摆酒

摆酒即设宴。《儒林外史》第十七回："潘保正替他约齐了分子，择个日子贺学，又借在庵里摆酒。"

番薯

番薯，常见的多年生双子叶植物，草本，其蔓细长，茎匍匐地面。块根，无氧呼吸产生乳酸，皮色发白或发红，肉大多为黄白色，但也有紫色，除供食用外，还可以制糖和酿酒、制酒精。

清一色

清一色，原指打麻将时由一种花色组成的一副牌。后比喻全部由同一种成分构成。清李宝嘉《官场现形记》第二十九回："而且他赌品甚高，输得越多心越定，脸上神色丝毫不动。又欢喜做'清一色'。所以同赌的人更拿他当财神看待。"

雁荡山八大名菜

雁荡山八大名菜包括鸡末香鱼、蟠龙戏珠、雁荡石蛙、土豆野味煲、美丽黄鱼、蛤蜊豆腐汤、碧绿虾仁、清真海蟹。香鱼为雁荡山的“五珍”之一，色泽艳丽，鲜嫩香醇，做成的鸡末香鱼，是美味滋补的上乘菜肴，也是佐酒佳肴；蟠龙戏珠以雁荡山的溪鳗为主料，另配土豆、红萝卜、白萝卜，色调美观，盆中蟠龙栩栩如生，别有风味；雁荡石蛙肉质细嫩，厚汁原味，清得鲜美，是夏秋两季难得的佳肴；土豆野味煲以野兔与土豆为主料，这道菜用文火焖出，色泽酱红，香味浓郁，有壮阳益气等功效；美丽黄鱼是以黄鱼为主料，加以青豆、黄瓜，绿樱桃和红萝卜，淋上鸡汤，肉味疏松滑嫩，色彩艳丽，鲜美爽口；蛤蜊豆腐汤是用鲜蛤

山中藏秀

蚶、豆腐、生姜、葱制成，这道汤菜，特别鲜美，有“雁荡第一鲜”之称；碧绿虾仁是用虾仁、菠菜为主料，加入少量葱、味精、湿生粉，这道菜，菠菜碧绿，虾仁雪白，鲜美可口；清蒸海蟹肉味鲜美，香气四溢，营养丰富，是一道具有独特风味的名菜佳肴。

蟠龙

蟠龙是指我国民间传说中蛰伏在地而未升天之龙，龙的形状作盘曲环绕。在我国古代建筑中，一般把盘绕在柱上的龙或装饰在梁上、天花板上的龙均习惯地称为蟠龙。

溪鳗

溪鳗是溪里难得的鲜货。其形状仿佛蛇形，嘴巴又长又尖，有密匝匝锋利的牙齿，看样子不是好玩的东西，但很好吃。

蛤蜊

蛤蜊，软体动物，壳卵圆形，淡褐色，边缘紫色，生活在浅海底，有花蛤、文蛤、西施舌等诸多品种。

铁皮枫斗

田野风光

铁皮石斛烘干后干品习称铁皮枫斗，1000多年前的道家医学经典《道藏》将铁皮枫斗列为中华九大仙草之首。早在东汉末年的《神农本草经》中就有关于铁皮枫斗的记载，《本草纲目》等我国古代多部医药著作中都记载了铁皮枫斗的药用功能。综合起来，铁皮枫斗具有滋阴清热、益胃生津、补五脏虚劳、益精壮骨、养肝明目、厚肠胃、安神定惊、逐邪排脓、轻身延年、养颜润肤等诸多功效。历代名医如华佗、张仲景、孙思邈、李时珍等都曾用铁皮枫斗养生保健、做配方治病，他们都认为滋阴养生是强身之根本，补益之必须。铁皮枫斗对生长条件要求极其苛刻，最优质的铁皮枫斗生长在人迹罕至的崇山峻岭、悬崖峭壁之上，人间难得一见。铁皮枫斗的鲜品铁皮石斛自然繁殖率极低，以至于具有几千年历史的铁皮枫斗已濒临灭绝。早在20世纪80年代，铁皮枫斗就被国家列为重点保护的珍稀濒危药用植物。

铁皮石斛

铁皮石斛为兰科多年生附生草本植物。它生于海拔达1600米的山地半阴湿的岩石上，喜温暖湿润气候和半阴半阳的环境，不耐寒。

《神农本草经》

《神农本草经》，简称《本草经》或《本经》，是中国现存最早的药物学专著。《神农本草经》成书于东汉，并非出自一时一人之手，而是秦汉时期众多医学家总结、搜集、整理当时药物学经验成果的专著，是对中国中草药的第一次系统总结。

《本草纲目》

《本草纲目》，药学著作，52卷，明代李时珍撰，刊于1590年。全书共190多万字，载有药物1892种，收集医方11 096个，绘制精美插图1160幅，分为16部、60类。

岩　　珠

别有风光

岩珠为兰科植物双叶岩珠的全草。岩珠分布于浙江、江西、福建、台湾、湖南、广东、广西、云南等地，常附生于海拔200～700米的山坡林中或溪边岩石上。岩珠可为清热凉血药、滋阴润肺药、解毒药。本品味苦性寒，故有泻火解毒之功，用治高热，可使热速降；本品味苦能燥湿而止痒，为治疗湿疹之良药；治疗头晕、头痛、肺热咳嗽、咯血、急性胃肠炎、慢性骨髓炎、跌打损伤等也有效。岩珠的采收和储藏在夏、秋季，鲜用或晒干。用法用量是内服，煎汤，3～9克；外用，适量，煎水洗。

兰科植物

兰科是仅次于菊科的一个大科，是单子叶植物中的第一大科。兰科植物分布极广，除两极和沙漠外均有，主要有中国兰和洋兰两大类。

药

药，治病草也。《说文》以五味五谷五药养其病。《周礼·疾医》注：“五药，草木虫石谷也。”

秋

“秋”繁体正字从禾从龟，龟亦声。“禾”指“谷物”“收成”。“龟”指“龟验”，即春耕时烧灼龟甲以卜算秋天收成。到了秋收时节，谷物收成是否如龟卜预言就清楚了。

灵　芝

灵芝又称灵芝草、神芝、芝草、仙草、瑞草，是多孔菌科植物赤芝或紫芝的全株。根据我国第一部药物专著《神农本草经》记载：灵芝有紫、赤、青、黄、白、黑六种，性味甘平。灵芝原产于亚洲东部，中国古代认为灵芝具有长生不老、起死回生的功效，视为仙草。灵芝主要分布在中国、朝鲜半岛和日本。灵芝一般生长在湿度高且光线昏暗的山林中，主要生长在腐树或树木的根部。灵芝一词最早出现在东汉张衡《西京赋》："浸石菌于重涯，濯灵芝以朱柯"之中。灵芝自古以来就被认为是吉祥、富贵、美好、长寿的象征，有"仙草""瑞草"之称，中华传统医学长期以来一直视为滋补强壮、固本扶正的珍贵中草药。用作药

灵芝

物的灵芝为赤芝和紫芝，主治虚劳、咳嗽、气喘、失眠、消化不良，恶性肿瘤等。动物药理实验表明：灵芝对神经系统有抑制作用，对循环系统有降压和加强心脏收缩力的作用，对呼吸系统有祛痰作用，此外，还有护肝、提高免疫功能、抗菌等作用。

赤芝

赤芝是灵芝的红色品种，又名丹芝，以生长在江西庐山、安徽霍山的人工生态培植或半野生状态为最优，是灵芝中药效最好的种类之一。

紫芝

紫芝真菌的一种，也称木芝，似灵芝。紫芝的应用范围非常广泛，心、肺、肝、脾、肾脏虚弱者，均可服用。

瑞草

瑞草即吉祥之草，如灵芝、蓂荚之类，或称仙草。《尔雅·释草》“茵，芝”，晋郭璞注：“芝，一岁三华，瑞草。”

雁荡香鱼

香鱼

雁荡香鱼，自古被称为“雁山五珍”之一，清朝乾隆年间为贡品。香鱼，属鱼纲香鱼科，为溯河性中小型鱼类。成鱼长15～20厘米，重60～120克，体长侧扁，头小嘴尖，背部灰黑，腹部银白。香鱼的背脊上有一条香脂腔道，能发香味，故而得名。因香鱼肉质细嫩多脂，鲜香美味，独具风韵，被国际烹饪界、旅游界、垂钓界誉为淡水鱼之王。雁荡蒲溪湾、松波溪、筋竹涧和芙蓉黄金溪都盛产香鱼，尤其以大荆石门潭的香鱼品质最好。香鱼多细刺，不宜鲜食，多熏制成干，色如黄金，味极清香，俗名香鱼干，久藏不坏，据说可携千里。雁荡香鱼，古人多有吟诵，闻名遐迩。早在明朝时，香鱼就和雁茗、观音竹、金星草、山乐官并称为雁山五珍。二十世纪五六十年代，每年秋季，清江、临溪一带形成香鱼捕捞盛期，年产七八吨。

香脂

香脂属于一种油包水型的膏状乳化体，它含油脂成分较多，具润肤作用。涂在皮肤上能形成一层油性的薄膜，可防止干裂而保护皮肤的弹性和柔软性且使人有舒适感。

筋竹涧

筋竹涧在雁荡山能仁霞映潭下。锦溪水穿过西龙潭门，流入东南峡中，并汇合无数细流成为大涧，长约6千米，南流入芙蓉港。

明

明（1368—1644）是中国历史上最后一个由汉族建立的封建王朝。1368年由明太祖朱元璋建立，历经12世、16位皇帝，国祚276年。

雁茗

雁茗是雁荡五珍之一，又名“雁荡毛峰”“雁荡云雾”，是一种烘青绿茶，必须在清明谷雨之间采摘。雁茗选用一芽一叶或一芽三叶的初展肥嫩芽叶制作而成。色泽翠绿，香气扑鼻，味道清醇。明代开始雁茗被列为“雁山五珍”之一。《瓯江逸志》曾说：“瓯地茶，雁山为第一”，这并非过誉。雁茗在宋、明、清三代皆列为贡品，1954年被选为国家名茶，可谓载誉全国。雁茗，出产于龙湫背、元宝心、莲花洞和雁湖岗等山高多雾的地方。那里湿度大，香灰土养分丰富，茶树生长特别旺盛，芽肥汁厚，品质优异。据科学分析，茶叶含有维生素、咖啡因、氨基酸、叶绿素和硒等多种有益成分，具有提神、解酒、去腥腻、却烦恼、消积食、助消化、预防癌症和延年益寿的功效。名山出名茶，雁

绿野仙踪

茗以其优异的品质和独具特色的风韵，蜚声遐迩。旅客们在休息之际，用龙湫泉水煎泡上一壶，细细品尝，可得“幽香移入小壶天”的通神之感。

烘青绿茶

烘青绿茶大部分用于窨制各种花茶，称之为茶坯。特点是外形完整稍弯曲、锋苗显露、干色墨绿、香清味醇、汤色叶底黄绿明亮。

贡品

贡品是专制社会中专门供给统治阶层享用的物资，通常由全国各地选出同类物资之最上品，通过特殊的生产、采购、加工、运输渠道送抵首都，以保障品质，交由最高统治者支配。

元宝

元宝由贵重的黄金或白银制成，一般白银居多，黄金稀见。在中国货币史上，正式把金银称作“元宝”，始于元代。不过，早在唐初开元通宝行世时，民间就有取其硕大、贵重之意，旋读为“开通元宝”的。

观　音　竹

紫竹林

作为雁荡五珍之一的观音竹又名凤尾竹，原产中国南部。它喜温暖湿润和半阴环境，耐寒性稍差，不耐强光曝晒，怕渍水，宜肥沃、疏松和排水良好的土壤，冬季温度不低于零度。凤尾竹株丛密集，竹干矮小，枝叶秀丽，为观赏植物之雅品，常用于盆栽观赏，点缀小庭院和居室，也常用于制作盆景或作为低矮绿篱材料。关于观音竹还有一个美丽的民间传说，传说古代有一年的夏天，孽龙肆虐，兴风作浪，洪水猛涨，淹没了农田和村舍，淹死了人畜，人民处于水灾深重的困境，盼望着上天来保佑，救民于水火。人民的善良感动了观世音菩萨，她驾云而来，先从天上放下一口大钟，把孽龙扣在钟里，打入深潭，让它永世不得作乱，接着又抛下一枝竹子，用竹枝扫去洪水，以后竹枝入土生根，蔚然成竹林。竹林保持水土，保护堤岸，调节气候，使人民免受洪水的危害。为了铭记观世音菩萨的恩典，人们就把这种竹子称为观音竹。

孽龙

孽龙是传说能兴水为害、作恶造孽的龙。宋范成大《吴船录》卷上："相传李太守锁孽龙于离堆之下。"《清史稿·灾异志一》："十一月，西宁西纳川降孽龙，臭闻百里。"

传说

传说是人民口头上流传下来的关于某人、事的叙述。例如鲁班的传说。明赵震元《为袁石寓复开封太府》："揽英雄之心，侯嬴吐气；合天地之德，传说扬眉。"

凤

凤在远古图腾时代被视为神鸟而予崇拜，比喻有圣德之人。它是原始社会人们想象中的保护神，经过形象的逐渐完美演化而来。

金　星　草

自明万历年间，冯时可著《雨航杂录》将雁茗茶、观音竹、金星草、山乐官、香鱼列为雁荡山五珍后，金星草作为一种珍贵物种一直名传至今。金星草长在阴湿山谷中的石头上或树干上，主茎光洁圆润，条叶鲜丽，叶背有黄金色的子囊群，植株体态婀娜，幽姿绰约，十分耀人眼目。除雁荡山外，金星草在我国的广西、安徽、西藏等地都有分布。追溯历史，关于雁荡山金星草的记载不少。明朱谏《雁山志》记：“金星草，叶上有金星点，根中有黑茎如发，故又谓之出发草，俗用以浸油涂秃处，则发复生。”清石门人劳大舆在《瓯江逸志》载：“金星草，叶上有星

远山奇观

如金，根中有黑筋如发，用以浸油，能黑发。金星草为药用草本植物。关于药性，《嘉祐本草》说：“苦，寒，无毒。主治功效是清热、凉血、解毒。治痈疡、肿毒、瘰疬、恶疮、暴赤火眼、淋病、肠风。”

《瓯江逸志》

《瓯江逸志》一卷，清朝劳大舆撰。大舆字宜斋，石门人，顺治辛卯（1651年）举人，官永嘉县教谕。是编前记温州旧事，后记其山川物产，大意欲补郡乘之阙，故名曰《逸志》。

朱谏

朱谏，号荡南，乐清人，弘治丙辰（1496年）进士，官至吉安府知府。雁荡山在温州府，跨乐清、平阳二县，于古无称，自宋太平兴国中，始有僧居之，奇秀甲于浙东。明初僧永升者，始辑为《雁山集》一卷，编次无法。

《嘉祐本草》

《嘉祐本草》是掌禹锡、林亿、苏颂等奉命以《开宝重定本草》为蓝本，参以诸家本草及经史百家所载的药学知识，并搜罗为当时医家所常用而未载于本草的药物，以补充其内容并作注解。《嘉祐本草》共载新旧药品1082种，比《开宝本草》增加99种，共分21卷。

山 乐 官

山乐官为雁荡山中的一种鸟，外形很像金雀，叫声高低婉转，在山谷中回响，如山中乐队，所以得名。这种鸟只有雁荡山才有，但是当地的人似乎谁也说不出来它到底是什么鸟，也似乎从来没有人亲眼见过。早在宋代，温州学者薛季宣就在《雁荡山赋》里提到山乐官："金雀幺而不大，金猿线而多绒。乐官群处而和声，山羊历险而纯素。"朱谏说山乐官"形似金雀，群鸣而声相抑扬，如作乐音，土人谓之山乐官"。山乐官的特点一是"群处""群鸣"；二是鸣声抑扬美妙，如奏箫管。以"官"命鸟，这名字也甚"独异"。写山乐官的诗，最带感情的是宋人周文璞的《山乐官歌》："山乐官，尔谁魂？逃河入海俱奔奔，伶伦梨园何可论。山乐官，予欲尔兮，无言如有言，为予歌云门。""云门"即"云门大卷"，周代六佾舞之一，传说是黄帝时所制。山乐官如能歌"云门"，甭说学舌的鹦鹉，恐怕连善歌的画眉、百灵都要让它一头了。

梨园

梨园，原是古代对戏曲班子的别称。我国人民在习惯上称戏班、剧团为"梨园"，称戏曲演员为"梨园子弟"，把几代人从事戏曲艺术的家庭称为"梨园世家"，戏剧界称为"梨园界"等。

响岭头

六佾舞

封建时代，佾舞分六佾舞和八佾舞；八佾舞是天子专用之舞，六佾舞指的是六行六列，共36人，用来祭拜诸侯及宰相，只有文舞一种。由于孔子曾被封为文宣王，可用诸侯之舞，不过自唐代以后，祭孔大典都用八佾舞，以示敬重。

黄帝

黄帝是华夏始祖之一、人文初祖，生于今宝鸡境内的姜水之岸，与炎帝并称为中华始祖，中国远古时期部落联盟首领。

文学作品中的雁荡山

在很多文学作品中都有对雁荡山的描述，如北宋时期著名科学家、政治家沈括对雁荡山进行了考察，并作了《雁荡山记》一文。此文系现存较早的综述雁荡山的重要文献。还在雪洞和龙鼻洞两处留下题名摩崖。《梦溪笔谈》是沈括留给世人的一部辉煌不朽的巨著。“温州雁荡山，天下奇秀。”这是他被雁荡的奇峰错立，瀑水横飞，幽壑腾烟，谜一般景色所触动而引发的对雁荡的赞美和概括。宋朝诗人陈与义的作品之中也有对雁荡山的描写，如《雨中宿灵峰寺》一诗写道：“雁荡山中逢晚雨，灵峰寺

灵峰摩崖石

里借绳床。只应护得纶巾角，还费高僧一炷香。”描写的是诗人雨中宿灵峰寺的情景。雁荡山也出现在影视作品中，如由刘亦菲和黄晓明主演的《神雕侠侣》的外景有四分之一是在雁荡山拍摄的。《神雕侠侣》约有17集是以雁荡山为背景的，峻峭的雁荡山为展现《神雕侠侣》的侠义柔情提供了美丽的外景。

摩崖

把文字直接书刻在山崖石壁上称“摩崖”。摩崖石刻也被认为是一种专门镇压风水的符咒。

灵峰寺

灵峰寺在温州雁荡山灵峰下，北宋天圣元年（1023年）建寺，是雁荡十八古刹之一，历代几经兴废，已非旧观。

《神雕侠侣》

《神雕侠侣》是金庸所著的武侠小说，作于1959年，是“射雕三部曲”系列第二部，现收录在《金庸作品集》中。它上承《射雕英雄传》，下接《倚天屠龙记》，是金庸先生在武侠小说创作上的一个里程碑。

图书在版编目（CIP）数据

雁荡山 / 刘乃坤编著. -- 长春 ：吉林出版集团股份有限公司，2013.1
（中华美好山川）
ISBN 978-7-5534-1390-7

Ⅰ. ①雁… Ⅱ. ①刘… Ⅲ. ①雁荡山－介绍 Ⅳ. ①K928.3

中国版本图书馆CIP数据核字(2012)第316574号

雁荡山 YAN DANG SHAN

编　　著　刘乃坤
策　　划　刘　野
责任编辑　祖　航
封面设计　隋　超
开　　本　680mm×940mm　1/16
字　　数　42千字
印　　张　8
版　　次　2013年 1月 第1版
印　　次　2018年 5月 第3次印刷

出　　版　吉林出版集团股份有限公司
发　　行　吉林出版集团股份有限公司
地　　址　长春市人民大街4646号
　　　　　邮编：130021
电　　话　总编办：0431-88029858
　　　　　发行科：0431-88029836
邮　　箱　SXWH00110@163.com
印　　刷　湖北金海印务有限公司

书　　号　ISBN 978-7-5534-1390-7
定　　价　25.80元